四川省社会科学研究规划项目（SC18CO51）

西南石油大学人文社科专项基金项目（2019RW004

U0681313

基于供应链社会资本的
企业创新绩效影响机制研究

毛　洁◎著

经济管理出版社

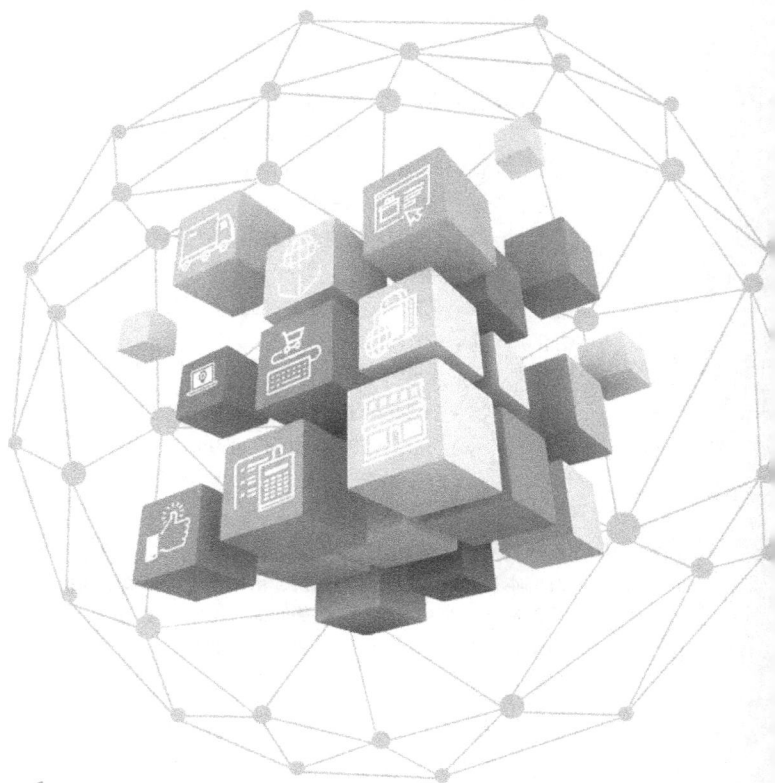

ECONOMY & MANAGEMENT PUBLISHING HOUSE

图书在版编目（CIP）数据

基于供应链社会资本的企业创新绩效影响机制研究/毛洁著. —北京：经济管理出版社，2022.7

ISBN 978-7-5096-8594-5

Ⅰ.①基…　Ⅱ.①毛…　Ⅲ.①供应链—社会资本—影响—企业创新—企业绩效—研究　Ⅳ.①F273.1

中国版本图书馆 CIP 数据核字（2022）第 118271 号

组稿编辑：张馨予
责任编辑：张馨予
责任印制：黄章平
责任校对：蔡晓臻

出版发行：经济管理出版社
　　　　　（北京市海淀区北蜂窝 8 号中雅大厦 A 座 11 层　100038）
网　　址：www. E-mp. com. cn
电　　话：（010）51915602
印　　刷：北京虎彩文化传播有限公司
经　　销：新华书店
开　　本：720mm×1000mm/16
印　　张：10
字　　数：128 千字
版　　次：2022 年 10 月第 1 版　2022 年 10 月第 1 次印刷
书　　号：ISBN 978-7-5096-8594-5
定　　价：98.00 元

前　言

　　全球化是供应链资源的有效配置、整合、实现价值最大化的重要前提，然而，当前的"逆全球化"风潮和新冠肺炎疫情的大暴发却将全球供应链变得支离破碎。作为供应链节点的企业面临着供应链断裂、商业环境恶化的严峻挑战。对于企业而言，如何维护供应链的稳定性、增加供应链抗风险能力、与上下游企业建立合作关系是企业应对市场环境不确定性和获取竞争优势的重要手段。

　　供应链社会资本，是指企业通过与供应链上下游关系交易合作而形成的重要资源，是衡量企业是否具备抵御供应链风险的重要参数。根据已有文献可知，企业与上下游合作伙伴建立关系的最主要的初衷是通过交易合作共享资源和知识信息创造价值，并在价值创造中提高企业核心竞争力，拉开与其他企业的优势距离，使自己在市场上占有一席之地，以便应对瞬息万变的各种风险和变数。可见，这种供应链上下游企业之间的紧密关系能够给企业带来额外的现金流入，可将其视作企业独有的资本。不仅如此，知识经济和动态竞争环境下，企业供应链社会资本的异质性日益显现，并逐渐演变成对企业创新的不同影响。尽管学术界已有不少学者关注到供应链社会资本以及它对企业创新的影响，但是对该问题的研究仍然处于莫衷一是的状态：一方面缺乏对供应链社会资本整体统一的概念界定，另一方面现有研究的结论各不相同，尚未达成一致。因此，有必要深入分析企业的供应链社会资本相关概念和原理，并在此基础上探讨其对企业创新绩效的作用机理。

2021 年是"十四五"规划的开局年，对于处于全国供应链重要节点的中国企业而言，想要实现培育新增长点、形成新动能的目标，就必须对供应链社会资本的认识有更加科学而明确的界定，并准确把握其内涵、外延和作用机理，充分利用供应链社会资本来提高企业的创新绩效以适应高质量发展的要求。另外，供应链社会资本也是企业与供应链上下游企业之间保持良好合作关系的重要标志，它不仅能给企业带来持续的创新发展，也能够通过更加顺畅的沟通和协作来降低交易成本。

鉴于此，本书从社会资本理论视角出发，深入分析供应链社会资本如何作用于企业创新绩效的内在机理，主要从三个维度来探讨其如何作用于企业创新绩效。本书通过建立量化模型，进一步探究不同的影响因素在供应链社会资本对企业创新绩效的影响中扮演什么角色，以及如何产生这种影响的原理。然而，不同类型的供应链社会资本一直受到社会各界关注，我国供应链基于不同层面所产生的社会资本存在巨大差别，本书的核心问题在于厘清供应链社会资本对企业创新绩效产生影响的脉络，明确供应链社会资本是否有助于提高创新绩效；接着分别考察供应商和客户社会资本的作用路径，主要需考察哪些微观因素和宏观因素的约束，以及其在这两者的影响效应中又有什么差别。

为了解决以上问题，本书综合运用了社会资本理论、资源依赖理论、创新理论，通过经济、财务管理与社会因素相结合的分析方法，首先，构建了供应链社会资本指标体系，将供应链社会资本划分为结构、认知和关系三个维度。其次，深入考察供应商社会资本对企业创新绩效的影响效应，讨论微观因素（研发投入强度、董事网络和国有股权）与宏观因素（制度环境）在其中的约束作用。再次，深入考察客户社会资本对企业创新绩效的影响效应，再讨论微观因素（销售费用、盈余质量和国有股权）与宏观因素（制度环境）在其中的约束作用，通过两条脉络分析供应链社会资本对企业创新绩效的作用机制。最后，构建了供应链社会资本对企业创新绩效影响效应的研究模型，依靠逻辑推演与实证研究揭开了供应链社会资本影响企业创新绩效的"黑匣子"。本书通过引入供应链社会资本的概念，分析企业创新绩效在社会网络中会如何受到影响，对于我国企业今后更好地利用公司内外部的社会关系网络资源，提高企业竞争能力，具有重要的理论意义和现实意义，也对今后企业的经营决策行为具有重要的借鉴意义。

本书共分为五章，其中：第一章为导论。主要介绍本书的选题背景，研究意义，研究思路、内容和方法，以及研究的创新点。

第二章为概念界定与理论基础。主要阐明了两个问题：一是界定了供应链社会资本的定义和构成，并构建了指标体系；二是社会资本对创新绩效的影响相关理论，为本书奠定了理论基础。

第三章为文献综述。紧紧围绕主题，着重对社会资本与创新、供应链与创新这两个领域分别进行回顾，并对现有经验研究进行了评述，总结了当前研究仍然存在的一些问题，以便加深对后面理论分析的理解。

第四章为本书实证部分之一：供应商社会资本对企业创新绩效的影响机制。本章重点研究了供应商结构维度社会资本对企业创新绩效的影响效应，并讨论在微观因素（研发投入强度、董事网络和国有股权）和宏观因素（制度环境）的约束下，其影响效应如何发生变化。

第五章为本书实证部分之二：客户社会资本对企业创新绩效的影响机制。本章重点研究了客户结构维度社会资本对企业创新绩效的影响效应，并讨论在微观因素（销售费用、盈余质量和国有股权）和宏观因素（制度环境）的约束下，其影响效应如何发生变化。

第六章为研究结论与政策建议。本章指明今后的研究方向以及政府、企业层面的政策建议。

本书研究的创新点主要体现在以下几个方面：

第一，明确界定了供应链社会资本的概念、层次和性质，并阐释不同维度间的联系，构建了一个相对完善的理论体系。

在前人研究的基础上，本书改进并构建了供应链社会资本的指标体系。根据它的结构，将其划分为三个维度：结构、认知和关系，并将之应用于企业创新绩效研究。在此基础上，从三个维度来考察供应链社会资本：第一个维度是体现供应链网络关系的多样性的结构维度；第二个维度是体现供应链关系网络的紧密度的纵向维度，由企业在一、二级供应链业务中的地理距离来衡量；第三个维度是体现供应链关系网络的信任度。这三个维度很好地衡量了上下游企业在社会网络中所处位置所能够给自身带来资源和机会的能力。三个维度之间联系紧密，如果把供应链社会资本比喻为一个立体网络，那么根据企业在网络中所处位置，与之联结的节点数将能体现关系的广度——结构；企业与不同供应链企业之间存在一定的距离，两者之间的距离或联结的线条强弱粗细能够体现关系的紧密度——认知；该节点所能反弹的作用力，即该节点的张力能够体现关系的影响程度——网络关系（信任）。供应链企业若不主动去施加额外的力量，对于处于社会网络位置所享有这个位置所带来的资源并不能全部吸收，进而较难转化为企业创新绩效。

　　第二，识别了不同维度的上下游供应链社会资本作用于企业创新绩效的作用路径，揭开了供应链社会资本影响企业创新绩效的"黑匣子"，丰富了基于社会资本理论对企业创新影响的研究。

　　在研究方法和视角上，对企业社会资本的三个维度的衡量，以往的方法都是需要问卷调查给出几种程度的主观打分，调查结果的数据效果反馈具有巨大噪声，导致实证结果的失真，具有一定的主观性。本书结合 csmar供应链相关数据库进行分类整理，找出供应链社会资本各自维度合适的指标来衡量，具有客观性和针对性，更具说服力。根据概念界定，在前人研究的基础上改进并构建了供应链社会资本的指标体系，将其划分为三个维度，构建作用于创新绩效影响效应的研究模型。通过该模型，可以揭示供应链社会资本影响企业创新绩效的内在机制，从不同维度分别研究上游社会资本和下游社会资本影响效应的差异性，以及其作用路径中的约束作用。

　　第三，洞察了供应链社会资本影响创新绩效过程中微观因素的作用，增进了微观因素影响供应链社会资本作用于创新绩效的影响效应的理解。

　　本书洞察了供应链社会资本影响企业创新绩效过程中微观因素的作用，增进了微观因素影响供应链社会资本作用于企业创新绩效的影响效应的理解。针对现有研究在解释供应链社会资本与企业创新绩效之间的关系时，较少关注微观因素的影响这一不足，将盈余信息、研发投入强度、国有股权、销售费用等作为微观因素引入到研究模型中，探讨不同微观因素对供应链社会资本与企业创新绩效之间关系的影响。将制度环境纳入研究框架中，验证了不同环境下供应链社会资本的创新效应，拓展了现有社会资本的深度和广度。

目　录

第一章　导论

第一节　选题背景与问题提出

人们常说"唯一不变的是变化"，创新是每个组织得以存在并良好发展的基础，在当下经济全球化与市场竞争的白热化背景中，技术创新更是组织提升竞争力、获得竞争优势的重要动力来源。各组织的技术创新汇集成为国家创新的有机组成部分，也成为国家科技与经济发展的基础，企业创新则是其中关键一环。由此看来，提升一个区域的竞争力，从提升区域内的创新能力开始是一条必由之路，创新能力提升的高度也代表了国家在国际竞争中的地位。当下市场环境瞬息万变，企业的创新速度、应变能力、攻坚意志均面临高标准的检验。"十四五"时期是中国经济转型发展的关键时期，党的十八届五中全会提出的"五大发展理念"都需要由人来具体参与和最终实现。企业要在全球竞争中赢得优势，需要充分利用社会资本带来的效应，从而获得不断创新与发展的原动力。

技术创新在经济可持续发展过程中的重要性不言而喻，转变经济增长方式，调整经济产业结构，技术创新的作用既是"发令枪"也是"催化剂"。旧有的制度与人口红利动力源已然功成身退，我国正全面迈入依托技术创新带动社会经济发展的新阶段，面临的是崭新的问题与对手。新阶段下，技术创新既带来新的经济活动场景也带来新的发展目标，如为建立环境友好型的社会形态，我国已提出碳达峰与碳中和目标，促使资源投入进行良性的循环利用环境，达成资源有效使用，推动国民经济稳健增长。在此过程中，技术创新将有力支撑发展目标的达成，但同时既定目标的发展路线也规范与限定了技术创新的路线，资源的约束与市场需求的多样化，以及市场竞争下对开发时效的紧迫要求，都加大了企业技术创新的复杂性和不确定性。在这样的市场环境中，企业技术创新对资源的需求呈现与日俱增趋势，而在对外部资源的获取存在制约与竞争，依赖内部资源又必然面临捉襟见肘的困境下，企业之间必须寻求资源互补以及相互合作的可能性。企业在合作中建立社会关系和互补资源的同时，也会摄取除了有形资源以外的信息、知识、资讯、品牌等无形资源，并转化成为无形资本，以实现更加广泛的合作与利益共享，降低创新活动的风险，提升企业的核心竞争力来完成长远战略目标。所以，企业组织创新模式也要随着新的市场环境而变迁，多数企业开始注重与企业延展出来的社会关系，如客户、银行、政府机构等外部单位的合作沟通，通过互动获取与完善自身创新所需的重要资源。其中，供应链中的上下游企业便是最天然的信息与资金合作方与利益共享方。当下企业间激烈的竞争态势也是供应链之间的竞争，企业需要更加高效精准地掌握产品的生产和销售的变化，以便捕捉有价值的信息，形成创新的基础土壤。市场一线的需求反应也会通过上下游企业传递而来，如功能、价格、外观、用料等，企业需与供应链上游企业交流把握市场动向，确保产品迭代的新优势。对于知识经济下的企业，技术创新的本质是信息与知识的颠覆性重新组合，通过内部的再次吸收归纳，成为企业的特有知识。因此，供应链上企业与客户的社会关系值得企业持续学习与跟踪。只有将可接触范围内的所有资源壁合、快速创新，才能推陈出新再转变成为企业竞争优势，成为市场常青树。

在当今经济飞速发展、全球经济日趋一体化的时代，风险无处不在，是且随机而不可预测的，这些都成为了企业长期生存与发展的不可量化的威胁（Colicchia and strozzi，2012）。以超越企业为中心的贸易等传统管理做法，都有一个稳定条件的前提假设（Petit et al.，2013）。然而，公司每天都面临着可能危及其有效运作能力的不确定性。例如，波音公司原本计划推出 787 梦幻客机来超越其主要竞争对手，却受到"组装件"模式失控的重大意外而导致供应链中断，进一步波音公司发生不可避免的生产严重延误，生产成本也在不断上涨，这一事件使得波音公司的供应链受到质疑（Melnyk et al.，2014）。麦克唐纳（2014）研究发现俄罗斯和其他 25 个国家之间实施贸易制裁时，以进口为主的俄罗斯公司不得不加速重组供应链，以应对这种重大风险。他还研究发现俄罗斯中小造船业企业中 90% 的投入来自于进口，它们通过主要从西方的供应商转向中国供应商来重新配置供应链。因此，他们利用已经建立的关系组合（一切都是稳定和可预测的）与现有的供应链合作伙伴一起运营，积极主动地发展研发、生产流程以及业务关系，这说明该公司能够与一家中国企业建立起重新的关系。假设突然发生已有关系的中断，他们能够及时增加订单的数量等补救措施，使得与供应商的风险同处于一个较低水平，这主要因为他们合作中已经积累了一定的信任程度和社会资本。由此可见，供应链社会资本不仅能为现有的客户所服务，而且还能从竞争对手手中抢夺市场份额。因此，对于企业而言，建立供应链社会资本作为应对挑战的关键能力已成为至关重要的因素。企业往往需要在稳定的环境中，创造可持续的价值和追求持续竞争优势。然而，企业在面临强大的竞争压力或处于逆境经营时要保持长期生存和发展，仅仅依靠内部资源是不可行的。

因此，本书试图先从供应链社会资本的基本概念出发，综合运用社会资本理论、资源依赖理论和创新理论，构建企业供应链社会资本三个维度的指标体系。根据对已有文献的梳理，对供应链社会资本与创新关系进行评述，据此选择深入考察供应链社会资本对企业创新绩效的影响效应，分为供应商和客户两条脉络，分别单独讨论其社会资本内在的作用机理，考虑到内部环境和外部环境因素在其中的约束作用，构建出供应商社会资本和客户社会资本的影响效应研究模型。依靠逻辑推演与实证研究揭开供应链社会资本影响企业创新绩效的"黑匣子"。简言之，本书着重从供应链社会资本这个角度去研究中国特殊制度背景下上市公司的创新绩效，首先进行内在机理的理论分析，其次进行经验证据的计量分析，最后得出供应链社会资本对创新绩效的影响效果，对企业增强其核心竞争力提供路径，也为企业经营决策提供借鉴，从而为认识我国特殊制度背景下上市企业创新绩效的研究提供一些思考的角度。

第二节　研究意义

基于对上述问题的思考，本书从供应链社会资本的角度研究其对企创新绩效的影响，试图从一个新的角度分析企业创新绩效，并对创新绩效的影响机制进行深入研究，具有重要的理论意义和现实意义。

一、理论意义

随着供应链时代的到来，企业越来越重视供应链合作伙伴。企业和合作伙伴之间的长期合作使得其形成了企业的供应链社会资本。他不仅能够帮助企业在面临不确定时降低风险，还能通过与供应商和客户共享信息提升企业的创新水平。基于需求端的要求，与上游企业合作研发新成品成为企业独特优势的核心竞争力。基于交易成本理论，企业也更愿意和熟悉的优质企业继续保持这种合作关系，势必能降低企业的成本，从而提升业绩。由此可见，供应链社会资本在企业创新方面发挥着重要的作用。

本书以资源依赖理论和创新理论为基础，通过基本的经济学、管理学分析方法，对供应链社会资本对企业创新绩效的影响效应进行深入探讨，对不同维度供应链社会资本的创新效应、微观变量在创新效应中起到的调节作用以及制度环境的外部影响等问题进行了系统化研究，并以 A 股上市公司为研究对象，验证了三个层面的假设，全面揭示了影响过程。本书具有以下两方面的理论意义：

第一，对社会资本、企业创新问题的研究进行了有益的补充。本书从理论角度探讨了供应链社会资本的内涵和本质，突破了以往仅仅通过问卷调查的主观数据，从调查数据来衡量存在一定的偏差，且企业自身的财务数据很难匹配，导致研究无法深入挖掘，因以往定义个人社会资本层面界定的局限性，本书根据已有的文献和定义改进了指标，构建了供应链社会资本指标体系，进一步深入讨论了供应链社会资本构成部分之间的相互联系，以及如何作用于创新绩效。这不仅拓展了企业创新绩效影响机制的研究范围，也丰富了相关研究领域的文献。

第二，对"供应链社会资本作用于创新绩效"的内在逻辑进行了深入探讨。揭示了每一个维度的影响路径，并逐一分析了其影响因子和不同制度环境下的差异化。并通过实证研究加以验证，为企业根据自身情景来选择不同的经营策略提供理论支持。

二、现实意义

在竞争日益激烈的信息经济时代下，本书认为企业和投资者都应注重并充分发挥社会资本的重要作用，借鉴社会学的成果，在微观层面上分析供应链社会资本的微观传导机制，从而更好地理解企业行为与企业创新绩效之间的关系，这为未来制定与投资者保护相关的政策制度提供参考意见。本书具有以下三点现实意义：

第一，本书研究了不同维度供应链社会资本对企业创新绩效影响的问题，对于认清目前创新现状具有重要的参考价值；本书深入分析上下游企业社会资本对创新绩效的内部作用机制，使得企业可以根据自身特色选择适合的供应链合作伙伴。建立良性循环的供应链网络关系，通过挖掘微观变量的调节作用，使企业找到提升自我创新绩效的关键因素提供数据支撑，为我国现代化供应链升级指导方向。

第二，利用现有数据，分别构建供应链上下游社会资本的结构维度、认知维度、关系维度对创新绩效的路径影响，并且通过实证研究供应链社会资本对创新绩效影响机制，详细分析了上下游企业与其建立的供应链社会资本对企业创新绩效的影响，为企业提升创新提供新思路和参考。

第三，为在中国特色社会主义背景下的中国企业依靠供应链创新转变，形成独特优势的供应链社会资本，为企业创新发展、增强创新绩效提供了重要的引导，为我国经济高质量发展提供了有力的支持。

第三节 研究思路、内容和方法

一、研究思路

本书的核心目标是找到供应链社会资本如何作用于企业创新绩效。本书首先从社会资本理论出发，梳理已有文献，借鉴已有的理论与实证研究成果，以社会资本测量方法作为分析上市公司供应链社会资本的理论基础，建立供应链社会资本的指标体系。其次逐一剖析供应链社会资本的两个构成部分——上游企业社会资本和下游企业社会资本，分别讨论各自的影响因素，并分析创新绩效与两者之间的作用机理。同时，针对不同维度的供应链社会资本的作用机理，分别考虑微观因素和宏观因素的约束作用，进一步从理论上分析在这些微观因素和宏观因素的约束下，供应链社会资本对创新绩效的作用机理是否会受到影响。最后通过整理数据库，利用实证模型验证其对创新绩效的影响效应。在研究不同维度供应链社会资本对创新绩效的影响效应时，分别讨论其在不同制度环境下，这种影响效应是否会受到其影响而产生差异性。研究思路如图 1-1 所示，技术路线如图 1-2 所示。

二、研究内容

本书一共分为六章，第一章是导论，主要介绍本书的选题背景，研究意义，研究思路、内容和方法，以及研究的创新点。

```
                    ┌──────────┐
                    │  创新绩效 │
                    └──────────┘
                         ▲
                        内容
                         一
                    ┌──────────┐           ┌────┐
                    │供应链社会资本│   内容二  │制度│
                    └──────────┘           │环境│
                     │        │            └────┘
              ┌──────────┐  ┌──────────┐
              │  上游企业 │  │  下游企业 │
              └──────────┘  └──────────┘
               │        │        │
        ┌────────┐ ┌────────┐ ┌────────┐
        │ 结构维度 │ │ 认知维度 │ │ 关系维度 │
        └────────┘ └────────┘ └────────┘
```

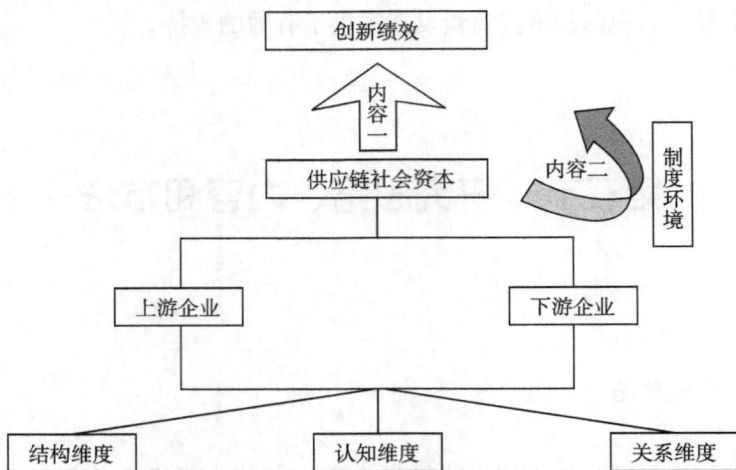

图 1-1　研究思路

第二章为概念界定与理论基础。该章主要阐明两个问题：一是界定了社会资本和供应链社会资本的定义和构成，并构建了指标体系；二是社会资本对创新绩效影响的相关理论，为本书奠定了理论基础。

第三章为文献综述。本章紧紧围绕主题，着重对社会资本与创新，供应链与创新这两个领域分别进行回顾，并对现有国内外文献进行了评述，总结了当前研究仍然存在的一些问题，以便加深对后面理论分析的理解。

第四章为本书实证部分之一：供应商社会资本对企业创新绩效的影响机制。本章重点研究了结构维度供应商社会资本对企业创新绩效的影响效应，并讨论在微观因素（研发投入强度、董事网络和国有股权）和宏观因素（制度环境）的约束下，其影响效应如何发生变化以及产生怎样的差异性。

第五章为本书实证部分之二：客户社会资本对企业创新绩效的影响机制。本章重点研究了结构维度客户社会资本对企业创新绩效的影响效应，并讨论在微观因素（销售费用、盈余质量和国有股权）和宏观因素（制度环境）的约束下，其影响效应如何发生变化以及产生怎样的差异性。

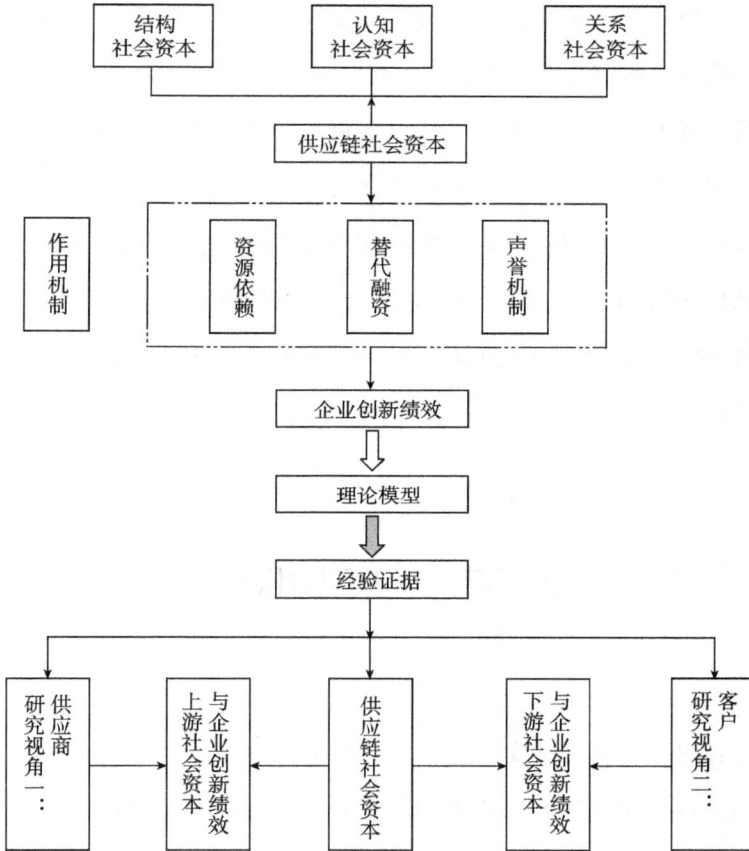

图 1-2　技术路线

第六章为研究结论与政策建议。本章指明今后的研究方向以及政府、企业层面的政策建议。

三、研究方法

本书重点讨论的是供应链社会资本与企业创新绩效之间的关系，主要以社会学、财务学、信息经济学与制度经济学等学科为理论基础；在研究中坚持规范理论研究与经验研究相结合，并以经验研究为主要的研究方法。从社会资本理论出发，构建供应链社会资本的指标体系，通过各种公开的市场数据和人工处理数据作为供应链社会资本的基础数据。在中国特色社会主义背景下探讨供应链社会资本与创新绩效之间的关系，主要借助于统计分析软件 STATA15.0、Matlab，运用相关系数分析、多元线性回归、样本均值中位数差异性检验等实证研究方法，并提供稳健性检验以保证本书结论的可靠性。

第四节　研究创新点

本书在对国内外相关文献进行分析的基础上，从供应链的视角分析社会资本对企业创新绩效的影响机制，并研究企业的环境动态对社会资本与创新绩效之间的调节作用。与已有的研究相比，主要创新点可以归纳为以下三个方面：

第一，明确界定了供应链社会资本的概念、层次和性质，并阐释不同维度间的联系，构建了一个相对完善的理论体系。

在前人研究的基础上，本书改进并构建了供应链社会资本的指标体系。根据它的结构，将其划分为三个维度：结构、认知和关系，并将之应用于企业创新绩效研究。在此基础上，从三个维度来考察供应链社会资本。

第二，识别了不同维度的上下游供应链社会资本作用于企业创新绩效的作用路径，揭开了供应链社会资本影响企业创新绩效的"黑匣子"，丰富了基于社会资本理论对企业创新影响的研究。

在研究方法和视角上，对企业社会资本的三个维度的衡量，以往的方法都是需要问卷调查给出几个程度的主观打分，调查结果的数据效果反馈具有巨大噪声，导致实证结果的失真，具有一定的主观性。本书结合CSMAR供应链相关数据库进行分类整理，找出供应链社会资本各自维度合适的指标来衡量，具有客观性和针对性，更具说服力。

第三，洞察了供应链社会资本影响创新绩效过程中微观因素的作用，增进了微观因素影响供应链社会资本作用于创新绩效的影响效应的理解。

本书洞察了供应链社会资本影响企业创新绩效过程中微观因素的作用，增进了微观因素影响供应链社会资本作用于企业创新绩效的影响效应的理解。针对现有研究在解释供应链社会资本与企业创新绩效之间的关系时，较少关注微观因素的影响这一不足，将盈余信息、研发投入强度、国有股权、销售费用等作为微观因素引入到研究模型中，探讨不同微观因素对供应链社会资本与企业创新绩效之间关系的影响。将制度环境纳入研究框架中，验证了不同环境下供应链社会资本的创新效应，拓展了现有社会资本的深度和广度。

第二章　概念界定与理论基础

本章主要从两个方面对相关概念进行界定：一是社会资本的概念界定；二是供应链社会资本，在概念界定上分析供应链社会资本影响创新绩效的相关理论基础，并对已有研究进行评述，以便加深对本书后面实证研究部分的理解。

本书研究供应链社会资本对企业创新绩效的影响机制，研究的核心内容是社会资本、供应链社会资本及企业创新绩效。针对这些研究重点，本章将首先对社会资本和供应链社会资本相关概念进行界定，供应链社会资本对企业创新绩效影响的研究涉及资源依赖理论和创新理论，其次本章的第二节将介绍并回顾两个相关理论。最后，本章第三节将对概念界定和理论基础做总结。

第一节　社会资本的相关概念界定

一、社会资本与供应链社会资本的概念界定

"资本"问题一直是经济学研究的主要范畴。物质资本和人力资本在早期被学者们大量研究，尽管随后引入企业家的管理才能，但易于量化的物质资本和人力资本仍是主流经济学关注的主要"资本"。而对于难以量化分析但对经济运行又确有重大影响的非经济因素，却常被经济学家们忽略并将其排除在资本的概念与经济模型之外。这些非经济因素包括企业家精神、企业家的个人品行以及企业家的社会声望等非物质资本，这些资本不同于物质资本的地方在于难以量化衡量，即便难以量化，却无法忽略它们对企业甚至整个国家的社会经济发展所起的举足轻重的作用。

法国社会学家皮埃尔·布迪厄（P. Bourdieu）在1980年提出"社会资本"概念，并逐渐被人们广泛采用，在当代西方的分析框架中也颇具影响力，不断涌现学者运用这一理论来收集数据并进行实证研究分析。国内一些敏锐、前沿的学者不仅注意到社会资本理论的应用价值，还发现其对中国社会一些特殊现象具有较强的解释力，由此来分析中国特色国情下的经济发展或企业行为决策。那么，要充分利用社会资本来解决现实问题，就必须知道其概念是什么，它具有哪些特征和功效，其分析框架又是什么？

为了更好地理解社会资本的本质，需要辨析其与人力资本的联系和区别。首先要明确两者的基本概念和特征：在概念定义方面。相较于物质资

本而言，人力资本体现为劳动者自身可以被用以提供未来收益且以数量与质量的形式表示的资本，它主要是指劳动者投入企业中的知识、技能、体力（健康）、创新理念和管理方法的总和。具体来说，它的载体仅包括企业中的两类人：技术创新者和职业经理人。而对于社会资本的界定至今尚未形成完全统一的概念，不过，它的内涵只存在于人际关系和社会结构之中，为结构内部的个人行动提供便利，并在市场中得到回报，属于社会关系的一种投资。所以从概念上来看，社会资本是人力资本的补充。在特征方面，两者有许多相同之处，如都具有无形资本的特征，即其价值量都处于不断的变动之中，都无法模仿和转让等。但两者的差异主要体现在：①载体不同，伯特（1997）从网络分析的角度将两者进行了区分，即社会资本是人与人之间的特征，依托于网络结构，而人力资本是个体特征，依托于个人。②性质不同，社会资本作为一种社会资源，在一定假设前提下是可以共享的，具有公共物品的性质。而人力资本却仅仅是单一个体的内在表现，具有显著个体特征和私人特性。③实现的条件不同，社会资本多发生在一个稳定且较为封闭的社会网络中，主要是随着人与人之间长期接触来往而形成的，由于它的存在，人与人之间的沟通更顺畅、更有效。而人力资本是人类自身在生产和再生产过程中，有目的性地投资于自身，提高自身能力而创造出来的资本。比如可以通过学习并熟练掌握新的工作方式或深造学习。④在内容方面，人力资本内容具有内在性，社会资本内容具有外在性。虽然劳动者的人力资本可通过不断投入实现不断增值，但是其知识、能力、健康等的投入却无法直观地表现出来，而社会资本内容具有内在含义的外在化，它既存在于人与人的关系网络中，也存在于组织中，它具有带给其载体收益的能力，能被载体感受到，体现为一种社会关系，所以能够直接地表现出来。一般而言，获取人力资本内容时给社会资本的形成提供了很好的铺垫。因此，人力资本是可通过后天努力学习积累，寄存于人体中的凝结和存量。而人力资本的形成过程中，社会关系网络会慢慢建立而形成，如上班培训时建立的同学关系、进入协会的会员关系等，这些都将衍变为个人的社会资本。

资本从经济学的角度来说，是能够被生产出且能够获取收益的储存（Solow，2000）。Burt（2001）提出社会资本在一定层面上既可以看作关系网，也可以看作是有能力做得更好。可见，政治学者和社会学者均需要跳出传统经济学的范畴来定义社会资本。第一个获诺贝尔奖的女经济学者埃莉诺·奥斯特罗姆（Elinor Ostrom）认为，当只用技术与经济因素无法解释经济成长现象不足时，就需要引入社会资本的概念进行解释，即将社会、文化因素等纳入经济思考的范围之中。詹姆斯·科尔曼（James Coleman，1988）提出的理论不仅加深了对社会行动者的行为动机解释，而且更有力地阐述和分析宏观层次上的集体行为和长期选择。随后他于1990年在其研究成果中把财务资本与社会资本、人力资本同时视为组织所拥有的三种资本，第一点，他在文章中认为社会网络的封闭性越高越有利于这些机制的产生以及保持；第二点，社会网络结构的稳定性，社会网络结构越稳定，社会资本就将很难产生并发挥作用；第三点，生活是否富足以及个体和组织的各种需求是否得到社会的满足，从一般角度来说，富裕和政府的高额补贴会在很大程度上降低人们相互之间需要的程度，随之社会资本也会跟着减少。希拉里·怀特哈尔·普特南（Hilary Whitehall Putnam，1993）将社会资本理论纳入新制度主义方法的应用中，从而进一步扩大了社会资本的应用范围。他认为社会资本是指在特定的社会组织内人与人之间的促进活动构成推动社会发展的资源，社会制度、社会凝聚力、社会组织协会、社会关系、社会文化、社会规范等要素均为社会资本。而一些学者对社会资本的定义主要集中在功能上，林南（Lin，2001）就是其中非常具有代表性的学者之一，他主要从社会资本的功效方面来界定社会资本，从而帮助我们更好地理解社会资本的真实内涵。特别是在一些制度还不完善的社会环境之中，社会资本的存在能够使得相互之间的信息沟通更为通畅，这是因为违约者的机会主义行为在现代社会能够通过社会网络得到快速而又广泛的传播，这将会使得违约者损失或者失去其与其他交易者进行交易的机会，从而增加了违约者机会主义行为的潜在成本。学术界关于社会资本的定义，具有代表性的观点如表2-1所示：

表2-1　社会资本的定义

作者	定义
布迪厄（Bourdieu，1986）	与群体成员相联系的实际的或潜在的资源的总和，它们可以为群体的每一个成员提供集体共有资本支持
科尔曼（Coleman，1988，1990）	社会资本主要是一种责任与期望等规范化的约束，依附于整个关系结构，若社会资本缺失，将会产生完成目标的额外成本
普特南（Putnam，1993，2000）	信任、网络以及规范，主要指个体间在社会网络中相互联系产生的彼此的信任和互惠关系
边燕杰（2001）	社会资本是能够帮助企业或者个人获取资源的能力，该能力产生于社会网络的建立中
林南（Lin，2001）	社会资本是内嵌于社会网络中的资源，且可以被网络中的个人所运用
OECD（2001）	网络以及共享的规范、价值观念和理解，它们有助于促进群体内部或群体之间的合作
Peng（2004）	社会资本因不同性质分为三个维度：结构性社会资本、经验类的个人社会资本和预期的个人社会资本

资料来源：根据邹宜斌（2005）等整理所得。

一般而言，对社会资本的分类主要有两个层面：一个是微观的个人社会资本，另一个是宏观的社会资本，比如一个地区的信任程度，常用献血量来替代。

从以上研究学者的定义概念可以看出，社会资本的功效主要有以下三点：

（1）减少信息搜寻成本。在现代资本市场中，信息是不对称、不完全的，投资者和债权人投资企业，必须花费时间和金钱才能搜寻到有效而准确的信息。而通过媒体获取各种信息，或通过与关键人物交往常常可以减少信息不对称问题，可以在很大程度上减少信息搜寻的时间和金钱成本。例如，在现实生活当中，求职者在寻找合适职业的过程中，很多有用的就业信息就是通过同学、朋友、亲人等获得的。

（2）减少交易成本。如果一个国家的社会信任度足够高，同时社会发展的各类基础状况良好，社会中各类中小企业均能诚实守信地履行其承诺，交易中按时还本付息，那么中小企业的贷款困难问题将在很大程度上得到好转，中小企业（包括创业板上市公司）也能够更好地健康发展；反之，如果在一个信任水平很低的地区，中小企业的违约率保持在较高水平，那么银行在审批中小企业的贷款申请时就会更加谨慎，结果将导致最需要资金支持来扩大规模的中小型企业面临比其他企业更多的困阻，那么社会经济发展就必定会受到非常大的限制。类似的情形不光出现在金融业，在其他行业这样的情况也普遍存在。各方面都可能存在不少的问题，这样势必会严重影响这些国际范围内调查数据的质量。

（3）节约正规制度实施成本。正规制度一般意义上有法律和契约，它对人们行为的约束具有强制性。但是，如果契约双方的关系较为密切，互动也频繁，则他们之间更容易通过其他方式来完成借贷等活动。如口头约定，更容易按约行事，这可以通过简化的程序节约大量的时间、金钱、精力，从而大大降低了制度的实施成本。特别是在中国特色的发展背景下，市场配套制度不完善，宏观层面上的社会资本相对较低，亟须建立人际网络和合作关系来促进经济效益。

然而国外研究中很少提到社会资本这个概念，使用的大多是企业家社会关系网络（Social Network）。国外研究社会资本概念着重强调社会资本网络特性的深入研究。Barr（2000）研究发现，加纳生产商关系的多样性在某种程度上能够解释不同企业生产效率的差异，主要是由个人与供应商的关系延伸到其对企业的信任。这说明决定该网络关系质量的决定性因素主要是关系网络之间的联系强度和数量，上市公司所在网络的位置也会影响其社会资本的发挥。

中国作为一个深受儒家思想影响的国家，人们往往将社会资本视作个人的稀缺资源，跟西方国家的社会关系网络表达不同的是，中国的学者更愿意用社会资本的概念和视角来进行研究。我国学者大多数认为社会资本这一概念是属于社会学范畴的，然而它已经被人们广泛地引入到管理学、经济学等经济研究领域，同时正逐步跟财务学联系起来，这样新的研究视角有助于解释清楚单一领域里不能够解释清楚的一些行为现象。但大多数学者在社会资本方面的研究，较多集中于讨论企业家社会资本和企业社会资本的相关问题。一般而言，社会资本可以分为宏观社会资本和微观社会资本。从宏观层面上看，主要从区域或国家的角度出发，常用当地居民献血量来衡量。从微观层面上看，主要有企业社会资本和个人社会资本两类。而国内对于企业社会资本的研究尚属新兴领域，随着相关的文献逐渐增多，学者对此的研究多采用将个人社会资本的概念延伸至企业的层面。一部分学者认为企业社会资本与个人社会资本在互相转化，如王丽娜（2006）研究发现企业家的社会资本会通过关键网络向企业社会资本转换。

所以本书重点考察微观视角下企业供应链社会资本的作用机制。而对于企业而言，供应链上关联企业的情况均影响着企业的系列管理决策，那么供应链社会资本就显得尤为重要，这就需要企业利用好供应链社会资本帮助企业实现价值最大化。

根据以往关于社会资本的研究成果来看，学界对企业家社会资本和企业内部或者整体社会资本的相关研究越来越多，然而从上市公司的客观数据全面系统地以供应链的社会资本视角来进行研究的还很少出现。

综上所述，从社会资本理论出发，我们可以将供应链社会资本定义为：在供应链条上社会网络关系的互动活动中，基于信任合作而产生，由企业所能调动，用于实现自身目的的同时又可惠及企业的社会资源的总和。

二、社会资本和供应链社会资本的衡量

虽学者们对社会资本的概念未达成一致，但他们都尽可能构建了多样性的指标或问卷调查来度量社会资本水平，却发现无法直接从概念出发而进行度量。随后，学者们将难以衡量的合作、信任水平等核心内容转化为能直接测量和直观的指标：网络组织的数量，这就叫作"普特南工具"（Putnam′s Instruments）。但是在现实生活中，这一工具变量的测量就变得尤其困难。一方面，因为本想借助于从社会自发性组织的数量和成员个数以及集体活动的参与程度来间接地测量所研究的组织、社区等研究范围内成员间的信任水平，却发现难以对自发组织、非政府组织和商业协会等这些不同类型的组织进行非常严格的区分，这将导致统计数据非常粗糙。另一方面，有时观测到的组织密度很大，并不说明组织成员间的联系就密切，因为后者难以落实到具体指标来统计。因此，由于社会中的组织性质各异，好坏不匀，从而以什么样的标准对不同的组织进行加权综合也是个现实的难题（Palda，2000）。普特南工具的适用性低，有不少学者致力于通过调查问卷收集一手数据，但要测量出一个国家或一个地区的整体信任水平，同时也会面临新的问题：数据的可行以及跨国的适用性将受到限制。

国外已有不少文献研究社会资本测量方法，对相关文献中社会资本的测量方法进行了如下梳理，主要有：①量表测量。量表测量的社会资本维度和种类均呈现出高度差异化的特点，从两个角度来测量社会资本使得结果更为可靠、准确。测量方式主要是指直接提问题和使用代理变量，但目前的困境是尚缺乏较为统一的社会资本测量量表（Shane and Cable，2002；Batjargal and Liu，2002）。它的测量范围主要包括三个层面：投资者与企业家在投资前的关系、第三方推荐和联系强度的测量。量表分的应用主要是根据对风险投资公司的社会资本测量而来的。②网络测量法。主要指对网络中心性、网络密度、网络规模、联系路径长度等不同维度的测量。但目前文献中主要采用自我中心网络分析法（Ego-Centered network analysis）测量社会资本（Zhang et al.，2008），具体是对与受访者联系最为重要的五个人进行自我中心网络分析测量。③关系测量（交往频率，信任，社会相似度等）。这类社会资本的测量一般采用问卷直接提问，也可通过用代理变量来替代。Duffner Schmid 和 Zimmermann（2009）采用了问卷法来测量风险投资家对企业管理团队的信任程度，但直接提问的方式只能测得感知的信任。这是由于不同受访者的主观感知可能存在巨大差异，从而使测量结果缺乏客观性。由于关系的主观属性，这些测量方法虽能将社会资本具体量化，但测量结果的噪音较大，欠缺公司之间的可比性。

国内学者们对于企业家社会资本的构成没有形成统一的观点。比如：李路路（1995）仅仅将与企业家联系较为紧密的亲戚和朋友作为研究对象，选用其职业地位和在国家行政权力系统中的职务地位两个指标来测量。虽然边燕杰和丘海雄（2000）设计出三个指标来测量企业法人代表的社会资本，主要是指企业法人代表相关的背景特征，即是否在上级领导机关任职、是否在跨行业担任领导职务、是否有广泛社会关系等。但是这两种衡量方式存在过于笼统、界定不清等弊端。另外按照企业所需资源的类型将社会资本分成企业家政府社会资本、市场社会资本、技术社会资本等（周小虎，2002；杨鹏鹏等，2005，2012）。然而这种构成方式存在不足：对于我国企业而言，不能有效、全面地评价企业社会资本。

根据以往社会资本构成理论的研究成果，按照关系的对象可以分为横向社会资本、纵向社会资本、社会联系等等；按照社会资本的层次可以分为宏观社会资本和微观社会资本。从宏观层面上来说，着重研究企业与外部环境间的关系，学者们的研究对象主要是企业与政府、各种经济文化组织、竞争者，合作方之间的关系。而从微观层面上来说，关注更多的是企业内部的社会资本，主要包括企业内部员工与领导之间的长期交流、工作同事间对彼此的信任感等，它可以改善企业自身的经营状况，为达到企业财务目标提供了新视角。根据已有文献的研究，国内外对供应链社会资本的衡量是基于企业社会资本及社会网络的基本概念出发引申而来衡量的。本书主要是基于微观层面来研究企业层面的供应链社会资本，首先通过与企业相关的供应商和客户企业来考察企业供应链社会资本，将供应商/客户社会资本与企业的关联所造成的影响作为主要的研究对象。从以往文献对供应链社会资本的选取来看，常用问卷调查的数据进行收集整理。而我们选择用供应链社会资本三个维度的定义出发，根据供应链数据库的数据客观衡量。考虑到上游企业（供应商）和下游企业（客户）的地位同等重要，两者对于企业经营决策方面也起着很重要的作用。因此，本书把供应链社会资本分为供应商社会资本和客户社会资本。

根据以上文献分析，本书借鉴林南（2002，2005）、边燕杰（2004）、刘林平（2006）、游家兴（2011）等学者的观点，从嵌入自我的观点对微观层面的供应链社会资本进行分析，认为将供应链社会资本构成按照关系的作用对象进行分类较为准确，即为结构维度社会资本、认知维度社会资本、关系维度社会资本三个维度。

表 2-2　供应链社会资本评价指标体系

维度	衡量指标	定义与赋值说明
结构维度	供应商集中度	前五大供应商采购额占年度总采购额比率
	客户集中度	前五大客户销售额占年度总销售额比率
	供应商集中度赫芬达尔指数	前五大供应商采购额占总采购额比率平方之和
	客户集中度赫芬达尔指数	前五大客户销售额占总销售额比率平方之和
	供应链集中度	向前 5 大供应商、客户采购销售比例之和的均值，即：（向前 5 名供应商采购比例＋向前 5 名客户销售比例）/2
认知维度	一级供应链业务关系	上市公司 A 直接对接的供应商与企业是否同一个省份，若是赋值 1，则赋值 0。
		上市公司 A 直接对接的供应商是否为国企，若是赋值 1，则赋值 0
		上市公司 A 直接对接的客户与企业是否同一个省份，若是赋值 1，则赋值
		上市公司 A 直接对接的客户是否为国企，若是赋值 1，则赋值 0。
	二级供应链业务关系	上市公司 A 的一级供应链直接对接的供应商与企业是否同一个省份，若是赋值 1，则赋值 0
		上市公司 A 的一级供应链直接对接的客户与企业是否同一个省份，若是赋值 1，则赋值 0
关系维度	供应商信任	企业从上游供应商处获取的商业信用，用"（应付票据＋应付账款）/营业成本"来衡量
	客户信任	企业从下游客户处获取的商业信用，用"（应收票据＋应收账款）/营业成本"来衡量

本书从三个维度考察供应链社会资本：第一维度是结构维度社会资本，

表现为供应商/客户网络关系的分布情况。通过供应商集中度与客户集中度、供应商集中度赫芬达尔指数与客户集中度赫芬达尔指数来衡量，体现了供应商/客户在社会网络中所处的结构以及地位，是否有一定的主动权。当企业的供应商/客户集中度越高，说明企业对供应商/客户的依赖性较强，表现为大部分的采购计划和销售对象偏向于固定的企业（供应商/客户），企业所处的位置相对较被动，一旦该指标发生重大变动，供应链结构维度社会资本会受到巨大影响，不一定能为自己带来外部资源。供应商/客户的话语权提高了关系网络的质量，非重复的关系网络给企业提供更多的信息，就能够很好地保证及时获悉趋利或避害机会。

第二个维度是认知维度社会资本，体现了供应链中供应商/客户与企业自身关系网络的紧密度。由企业和供应商在同一个省份且又是国企关系，当企业面临危机或动荡环境下在该供应链中具有较强抗风险能力，供应商在组织中的影响力是比较大的，从而也可以说明与该组织联系是较为紧密的。从资源依赖理论可以看出，企业会优先选择利用距离较近且更方便的资源。

第三个维度是关系维度社会资本，体现了供应链关系网络的信任度。通过对供应商/客户的信任度来衡量，也是企业在社会中影响力的一个体现。当关系维度供应链社会资本越高时，说明企业在对供应商/客户的信任度方面在提升，即在社会中拥有较高的声誉，声望较高，别人对他的信任度也较多，从而使得影响力较大。

总而言之，这三个维度很好地衡量了供应链中供应商或客户在社会网络中所处位置所能够给企业自身带来资源和机会的能力。三个维度是紧密联系的，如果把供应链社会资本比喻为一个立体网络，那么根据供应商/客户在网络中所处位置，与之联结的节点数将能体现供应链社会资本的广度——结构维度社会资本；企业与不同节点之间存在有一定的距离，两者之间的距离或联结的线条粗细能够体系供应链社会资本的紧密度——认知维度社会资本；该节点所能反弹的作用，即该节点的张力能够体现供应链社会资本的影响程度——关系维度供应链社会资本。即便是企业没有太多的能力，只要处于社会网络中的一个位置，就能享有这个位置所带来的资源。实际上，供应链社会资本整体体现是从网络中带来的回报，可以看作一个投入产出的过程，即利润 = 投资 * 回报率，投资相当于对社会资本建设的投入，即花费的精力和时间，即生产问题，回报率则体现了从每个社会资本中获得的一个个机会，即机会问题。网络自身能够积累更多的关系，企业既可以主动去建立关系，也可能由于自身特性和其他企业的偏好而建立关系，当与之联系的节点变多，企业包含的网络关系越来越多时，这些联系就变得简单容易，而且很容易维持。但是这些容易积累起来的关系带来的是网络的庞大，而不是网络的扩张。随着冗余关系的增加，需要企业花费更多的精力和时间在关系的维护上，也使得关系的效用和影响力减弱了。由此可以看出，若想要优化供应链社会资本时，需要注意遵守效率原则，筛选出需要投入最小产出获得最大的关系。若供应链社会资本减少建立多一个节点的机会，可以转向增加两个节点之间的紧密度，将节约的时间和精力放到更有用的关系建设上，发挥其最大效用。

为了更好地衡量供应链社会资本，本书选取的三个维度分别进行单独研究，所代表的的数据并不能直接简单相加，故没有采用评价方法的形式把三个维度综合成一个没有实际意义的数据。本书指标体系构建综合考虑了各维度的定义与供应商/客户密切相关的指标效应，更加科学合理、客观性更强。

因此，结合已有的研究，本书基于供应链视角将供应链社会资本细化为 3 个维度和两个方面：供应商社会资本（结构、认知与关系）和客户社会资本（结构、认知与关系），揭示企业供应链中的哪些社会资本对提高企业创新绩效具有更重要的作用，以期为我国上市公司核心竞争力的提升提供参考。

第二节　理论基础

一、资源依赖理论

自 Pfeffer 和 Salancik（1978）出版了《组织的外部控制：资源依赖的视角》一书后，资源依赖理论逐步成为组织理论和战略管理领域最有影响的理论之一。资源依赖的核心理念：公司不是封闭自我的系统，而是一个需要依赖于外部环境的开放系统。这就需要一个假设前提：自给自足的组织是不能生存的，组织若想要生存发展，就离不开与外界环境所交换的活动。组织对外部环境的依赖性取决于组织所需资源的稀缺性和重要性。具体而言，组织的这种外部依赖性取决于三个方面：资源对组织生存的重要性；组织内部或外部特定群体获得处理资源使用的程度；是否存在替代性资源。总之，资源依赖理论的核心思想体现为：一是降低环境中的不确定性。如果组织需要冒风险才能取得与外部环境之间的成功交换，企业应该先识别出关键领域，再加强控制其不确定的根源，减少不必要的风险，从而实现减少对单一重要资源的依赖等方式来转变组织的相互依赖性。有时候组织往往无法有效地控制所需的资源，而需要通过建立与外部环境中的其他组织之间的合作关系来加强联系的密度来降低环境中的不确定性。二是获取组织生存所需资源。资源依赖理论的基本假设前提是外部环境中存在组织经营所需的、关键的、稀缺的资源。因此，企业的生存与发展必须依赖于外部环境中的一些组织提供的资源作为输入，同时也需要依赖外部环境中的另一些组织作为自己产出的输出之所。在开放的系统中，组织之间的互动关系体现为有形资源或无形资源的交换，其表现出来的结果是提高资源稳定性，进而促进企业成长。三是加强组织的权力。基于资源依赖理论，"依赖"是一种相互的行为。现实中依赖方与被依赖方可以通过达成一致的协议，从而实现互利共赢。协议的遵守也取决于各自的实力与权力。若依赖方权力更大，则更容易从被依赖方获得自身所需资源。当一个组织需要的资源仅仅通过自身禀赋资源无法满足时，需要依赖于外界丰富资源的补充。这表明组织与外界环境之间相互需要与依赖。为了使得获取资源的通畅无阻，往往需要维护组织之间的联系。

随着资源基础观的提出，学术界的主要研究方向由组织外部要素转为组织内部要素，并引入"战略要素市场"的概念，这个概念的立意是企业能从战略要素市场中得到战略实施的各项资源。战略要素市场往往是不完全竞争的，其根本原因在于战略性资源在不同企业中具有不同价值，即战略资源的未来预期具有差异性。由此可见，要想获取更多资源并实施其战略时获得超额利润，企业必须能较为精准地预测战略性资源的未来价值。所以，企业需要对其已掌握技能进行有效的分析，这样才能更为精准地预测战略性资源的未来价值。

总体而言，从资源依赖理论的发展脉络中，我们不难发现，企业是一个开放性系统，体现在其输入与输出都离不开外部环境，并且组织之间资源的相互交换能在一定程度上维持资源稳定，有利于企业的成长和发展。

因此，本书供应链社会资本的功效，紧紧依赖于资源依赖理论，且资源依赖贯穿于供应链社会资本当中。

二、创新理论

创新理论由美籍奥地利经济学家 Schumpeter 于 1912 年在其经典著作《经济创新理论》中提出，他将 Bohm-Bawerk 的价值时差论、Wieser 的边际效用价值论、Marshall 的局部均衡论及 Walras 的一般均衡理论批判性的融合融入，对经济活动中"创新"进行了明确定义，即创新是一种内在力量，其作用是不断打破与恢复经济活动中的均衡，从而使得经济生活发生间断的变化以推动经济向前发展。国内外学界后续在此理论基础上继续展开了多角度的研究，当经济增长越来越依靠科技进步推动后，技术创新理论也逐渐从经济学视角过渡到了管理学视角，并且在向社会学领域演化。企业如何利用人力、信息、知识、资金等要素进行有效组合形成经济发展动力，是传统经济学对技术创新关注的重点方向。管理学则更加关注创新的内部过程，将创新过程与结果结合，更加强调对创新的商业化过程与创意的市场化推广流程。对创新的管理学意义更认同的学者认为，创新到最终获取市场价值之间，是一系列复杂事件的集合，也存在一系列管理抉择。社会学意义上的创新理论则以更高的视角，从宏观层面上提出创新过程也是广泛的社会交流过程的一部分，市场需求的不断产生与演变促使企业不断打破孤立与封闭，从而使得创新有快速蝶变的可能。技术创新理论提出后，具有代表性的创新模式先后出现，一共可归纳为以下六种创新模式：

（1）技术推动创新。该模式将创新过程视作一个线性过程，认为技术创新和经济增长主要是来自技术进步和研究开发，发明的认同与推广来自创新发现所引发的一系列事件。只要将科技、人力资本、资金等组合便可实现创新价值。

（2）市场拉动创新。该模式认为市场需求是创新产品的起始，而创新活动是为了满足外部需求的途径，市场刺激引发新产品的开发。技术因素在创新过程中只是必要条件而非充分条件。

（3）创新过程交互作用模式。该模式认为技术因素推动和市场拉动同时作用，二者地位相当交互反应支持创新发生。并且引入产品生命周期概念，对于不同阶段的产品强调不同的交互作用效力，该模式更接近真实，同时又考量了创新过程中的生产与销售两方。

（4）一体化创新过程模式。该模式认为以多个并行过程来看待创新过程，认为研发、生产与销售是并行因素，跳出线性单一的序列式创新模型。创新过程既需要企业内多职能部门的相互融合协调，也需要上下游企业的精诚合作，此外同行企业间、企业与政府、与科研机构的交流合作，均是创新过程的丰富养料。

（5）系统集成创新模式。该模式认为以信息化和电子化的视角审视创新过程中的组织联系，突出创新过程中企业联系的一体化与流程的电子化，对多个组织交互的过程进行分析，借助专家系统、信息化模型进行仿真演练。

（6）社会网络创新模式。该模式认为将社会关系的重要性纳入创新过程考量，将信息与知识等无形资产视作创造竞争优势的战略性资源，随着经济的多维发展，社会资本已成为补充有形资本解释创新成功的关键因素。

第三节　本章小结

本章首先阐述了本书研究的基本概念，包括社会资本和供应链社会资本的概念界定；随后就社会资本和供应链社会资本的衡量进行了回顾和梳理，给出了供应链社会资本的衡量指标体系；然后介绍了本研究的理论基础，包括资源依赖理论和创新理论。供应链社会资本是一种没有实物形态的，可以创造经济价值的重要资源。随着资源依赖理论的提出，组织不再是"信息孤岛"，需要与外界环境保持资源互换，实现资源最优配置。而根据创新理论，创新是充分利用人力、信息、知识等资源要素进行组合。对这些资源如何借助于供应链社会资本这一载体提升创新绩效的问题需做出进一步的研究。这些基本概念为本书的研究划清了研究的范围，理论的回顾为下文逻辑分析提供理论支持。

第三章 文献综述

第一节 国外研究现状

国外学者普遍关注社会资本在企业创新过程中所起到的作用，并且认为社会资本对技术创新有着积极贡献，具体则表现在对创新活动、程度、交易成本等方面存在正向影响（Tsai et al.，1998；Greve，2001），企业在与其他组织的交流过程中促进资源的获取、分配和转移，进而可以提高企业从外部获取资源的效率。社会资本还体现在组织间的网络合作、强烈的信息传递意识等方面。由于社会资本的这一特性，互动既可以提高人与人、企业与企业之间的相互信任，也可以提高组织间沟通的效率。因此，企业就可以通过与外部知识源和信息源（包括大学及科研机构等）建立的各种社会关系网络来提高自身的技术创新能力。Hamel 和 Prahalad（1991）指出民营企业家可以通过与外部组织建立的各种关系资本（包括政治关系资本、协会关系资本、银行关系资本等）来持续发现、吸收和整合各种资源，从而提高企业的研发决策能力。Cooke 和 Wills（1999）认为外部的社会资本，主要指组织联结、组织间信任和互惠，通过这些特征实现高效的信息流通，进而促进组织学习，提升组织的创新绩效。Jamest（2002）通过实证研究也证实社会网络有利于企业的创新，尤其是组织间的信任，可以提高信息交换的质量。但现有固化的正式组织对企业发展大量的社会关系还存在一定的障碍。John Hagedoorn 和 Myriam Cloodt（2002）指出企业可以通过技术战略联盟或者并购来获取外部创新能力。Holger Ernst（2002）认为对于民营企业家来说，社会资本是影响研发投资决策的关键因素之一，社会关系资本的资源观认同发展的社会联系越多，汲取资源的能力就越强，进行的技术创新决策也会越有效。Réjean Landry 等（2002）通过对加拿大蒙特利尔的440 家不同行业的制造型企业进行调查分析发现，创新不是单一的事件而是一系列的复杂过程，从而构建了创新的两阶段模型：第一阶段分析企业决定是否进行创新，第二阶段分析企业进行激进创新还是渐进创新。实证结果表明网络资本、关系资本和参与资本在不同阶段起到不同的作用。Dyer 和 Chu（2003）认为组织双方高度信任的关系与实际的低成本相关联，因此信任可以促进共享资源从而带来价值。Evan H. Offstein（2005）研究指出公司的社会资本特别是高层管理人员的社会资本可以提升公司的竞争意识、动机和能力，有利于主动采取大量有利的竞争行为。Zhao（2005）则指出基于市场的、基于供应链的和基于合作关系的技术来源对企业技术创新能力都存在积极影响。Ming-Hung Hsieh（2007）构建了社会资本、技术能力和新产品投放策略三者的关系模型，实证结果表明社会资本、技术能力对于新产品的投放具有积极的影响，但是随着市场占有率的增加，这种影响趋势会变弱。Giulio C. 和 M. Susanna（2007）发现，传统的所有制歧视和规模歧视是国内中小企业融资的严重障碍，拥有各类良好金融机构的社会资本，更容易获得创新所需的必要金融资本。Kaasa S. 等（2009）在充分考虑影响技术创新各因素之间的关系基础上，采用了欧盟的统计数据和欧洲的社会调查数据，运用结构方程模型方法而不是简单的回归分析方法，研究了社会资本不同维度对技术创新的影响。结果发现，社会资本确实影响到技术创新活动，并且社会资本的不同维度对技术创新活动也具有不同的影响。Ya-Hui Hsu（2009）通过对台湾地区的集成电路行业的实证研究发现，智力资本三维度中，关系资本对新产品开发的积极影响最显著，并且都是通过组织学习能力实现的。S. X. Zeng（2010）通过对中国 137 家中小企业的调查研究，证实了合作网络对企业创新存在积极的影响，研究结果还显示与供应商、客户和同行业企业之间的合作对于创新绩效的影响优于与研究机构、大学和政府的合作。Antonio 等（2010）以研发部门为研究对象，提出了组织资本、社会资本及创新之间关系的概念模型，利用从西班牙企业获取的数据，统计分析显示社会资本在组织资本与企业创新中起到明显的中介作用，特别是对于激进创新，社会资本尤为重要。AnaPérez-Luño（2011）则基于社会资本理论、知识理论和创新理论构建了三者之间的影响路径模型，通过 143 个西班牙创新型制造企业和服务企业的实证研究，结果显示知识的不同特点对企业创新有着不同的影响，知识的隐形特点必须与社会资本交互才能对创新起到积极作用，而知识的复杂性则直接影响企业创新，企业的社会资本对其影响则无能为力；并且强关系不利于企业进行激进创新。Simon Land（2011）基于环境动态性的情景，深入研究了社会资本、组织学习和新产品开发的关系，675 个有效样本的分析显示了在动态环境下，社会资本对于组织学习的影响表现得更显著，不同的组织学习在不同的情境下，对于新产品开发的影响也存在区别。

　　供应链不是一对一业务关系的业务链，而是业务和关系网络（Lambert et al.，2003）。供应链提供了抓住企业内部或企业间整合以及管理创造共同优势的协同作用的机会（Petersen et al.，2008）。通常，供应链中有三个组成部分：信息、材料和财务（Rai and Seth，2006）。这三个组件的移动需要在合作伙伴之间的 IT 支持下进行协作。最近，互联网技术等信息通信技术（ICT）的发展增强了组织能力以有效整合供应链（Angeles，2009；Zhong and Mei，2011）。

　　随着中国公司对全球供应链的重要性日益提高，中国公司之间或国际公司与中国公司之间的供应链整合度（SCI）较低，阻碍了全球供应链管理（SCM）的效率（Chen，2010；Yeung，2008）。供应链整合度反映了公司与主要供应商和客户合作来管理公司间业务流程的程度（McIvor，2016）。这种整合使企业能够在运营层面促进整个供应链中的信息、材料、产品和服务的流动。因此，大部分学者广泛地认为供应链整合度是提高公司绩效的有效途径（Flynn et al.，2010；Zhao Feng，2011）。理论上已经认识到供应链整合度的好处，所以公司仍在努力发展供应链整合。全球供应链管理文献表明，由于潜在的组织、政治和资源对全球供应链管理的相关挑战（Cao et al.，2015；Wiengarten Pagell，2011），与主要供应商和客户的全面整合很少且难以实现（Huo et al.，2016）。在这种情况下，对于管理人员，尤其是中国公司的管理人员，进行供应链整合的指导很少。因此，对中国的供应链整合是势在必行，对从业者和学者来说都是具有一定的意义。

　　在中国背景下，学者们越来越关注高层管理人员的非正式人际关系（即管理关系）在供应链管理中的作用（Chen Huang and Sternquist，2011；Shou et al.，2016；Wang et al.，2016；Wang et al.，2014）。一些学者认为，企业可能依赖于高层管理者的管理关系来发展和维持供应链关系。Yang

（2010）提出，关系与供应商的信息共享正相关。高层管理者的管理关系被广泛地分为商业关系和政治关系。商业关系反映了公司高层管理人员与其他公司高层管理人员之间的非正式人际关系，而政治关系则是指高层管理人员与政府官员之间的非正式人际关系（Sheng，2011）。高层管理者的业务和政治关系都被认为是中国企业竞争优势的重要因素（Luo et al.，2012；Peng and Luo，2000）。但是，很少有供应链管理研究以经验方式调查高层管理者的管理关系与供应链管理之间的关系。随着中国经济开放和市场转型，中国的经济、社会和法律制度正在发生巨大变化（Sheng et al.，2011）。这些变化表明需要考虑全球供应链管理（SCM）中的业务和政治关系的角色。具体来说，"中国没有足够的体制结构来支持自由市场"（Liu et al.，2015）。这就使得中国的企业面临着要素市场不发达，法律体系薄弱，缺乏市场中介机构以及产业法规频繁变化的挑战（Zhou，Li，Sheng and Shao，2014）。同时，中国政府仍然通过分配稀缺资源、调节产业结构、制定倾斜政策来维持对企业行为的宏观影响，减少对企业业务的直接微观参与（Bai，Sheng and Li，2016；Li and Zhang，2007；Peng and Luo，2000；Sheng et al.，2011）。在这种情况下，高层管理人员的业务关系和政治关系都是有效的非正式社会机制，可以解决薄弱的制度结构的限制（Barnes，2015；Sheng et al.，2011）。然而，很少有研究从经验上区分全球供应链管理（SCM）中商业关系和政治关系的各种作用（Cai et al.，2010），特别是在供应链整合中。

文献进一步表明，高层管理人员对公司的管理关系的重要性可能取决于公司所面临的市场条件（Wang et al.，2014）。企业之间的市场动荡不尽相同，并使高层管理者能够以各种方式来应用管理关系。许多研究探索了市场动荡对管理者关系的调节作用，但是他们的发现参差不齐（Chen and

Wu，2011；Li and Sheng，2011；Sheng et al.，2011）。例如，Li 和 Sheng（2011）指出，需求不确定性削弱了管理关系与财务绩效之间的关系。Wang、Jiang、Yuan 和 Yi（2013）进一步认为，环境动荡可以非线性方式缓和业务联系与资源获取能力之间的关系，但可能负面地影响政治与资源获取之间的联系。中国正在向市场经济过渡，缺乏市场力量方面的经验（Li 和 Sheng，2011）；因此，应该研究市场环境如何塑造供应链中的管理关系。遗憾的是，很少有研究凭经验检验市场动荡中高级管理人员的业务和政治关系对供应链的影响以及各种潜在因素的调节作用。

为了解决这些研究空白，本书利用社会资本理论来分析考察高层管理人员的管理关系——供应链社会资本以及最终对公司创新绩效的影响。具体来说，我们将供应链社会资本归类为供应商社会资本和客户社会资本，因为文献表明这两个因素具有不同的发展机制，并且对企业创新绩效有不同的影响作用。

第二节　国内研究现状

关于社会资本与创新的研究，国内学者基于不同视角也取得了丰硕成果。李红艳等（2004）指出社会资本在增加技术创新数量和能力，推动隐性知识传播和扩散，提高技术创新扩散效率方面起着正向的重要作用。王霄、胡军（2005）发现中小企业的认知资本显著影响着企业的技术创新水平。余明桂、潘红波（2008）重点关注了民营企业家的行为，面对不确定难预测的复杂市场，企业家的社会资本作为市场失灵和政府法律失效的非正式机制补充，在获得创新资源后，可对企业的投资和运营策略进行优化。游达明、刘芳（2009）提出社会资本通过知识获取和知识吸收影响企业技术创新的概念模型与研究假设。进一步通过问卷调查和数据分析得出，知识获取过程显著正向影响企业创新绩效，并且知识获取和知识吸收能力在社会资本和技术创新绩效之间起到了媒介的作用。吕淑丽（2010）通过构建企业家社会资本，发现社会资本通过知识获取促进企业技术创新绩效提升。杨锐、李伟娜（2010）通过对产业集群的案例研究，揭示了社会网络中强联系和弱联系在创新活动中都发挥着重要的作用，基于技术相似和技术关联性的互动交流更能体现这一结果。范钧（2011）发现以浙江软件中小企业为样本进行了实证研究，通过所构建的社会资本对于知识获取和创新绩效的影响模型，结果发现社会资本的两个维度，即结构和认知对于企业向客户获取知识有积极的正效应，而关系维度则对客户所拥有的知识获取有积极影响。总之，三个维度均会通过知识获取对企业创新绩效产生显著影响。任胜钢等（2011）运用探讨区域创新网络的结构特征对区域创新能力的影响机制，回归结果显示社会网络的强关系和弱关系都对区域创新能力有显著的正向影响。窦红宾、王正斌（2011）对西安光电子行业产业集群的142家企业进行问卷调查数据，验证了自身提出的社会资本对创新绩效影响的概念模型。研究结论显示认知资本、关系资本、位置资本和结构资本通过知识资源的获取对创新绩效产生积极影响，且认知资本对知识资源获取及创新绩效的影响较其他资本影响效果较弱，表明社会资本对高技术产业集群企业创新也具有推动作用。李欢等（2018）研究发现和客户保持的联系越多对业绩的影响越取决于供应商和客户的关系及相对议价能力，而议价能力取决于自身的实力及拥有的资源。战相岑等（2021）通过区域省份分析在大环境和经济政策不确定性上，企业面临着上、下游企业的投资强度被削弱的风险，进一步加剧面临的融资约束，从而需要推动企业加速垂直整合、完善供应链管理。

第三节 简要评述

基于以上的文献分析，本研究主要对供应链社会资本和企业创新绩效相结合的研究进行多方面的深入和细化，关于供应链集中度影响企业业绩、盈余、融资等多个方面的研究成果比较丰富，也为后续研究奠定了坚实的理论基础。我国学者也结合了我国特有的经济现状以及制度，做出了大量的关于供应链集中度的相关研究。同时国内外的已有研究都证实了企业社会资本有助于解释公司绩效等方面。然而，笔者认为现有研究仍存在对某些问题的忽视，主要存在以下几点不足。

首先，目前关于供应链社会资本的研究受制于数据整合问题，主要集中于供应商社会资本的问卷调查分析，较少从客观角度衡量供应商社会资本，更不用说供应链社会资本衡量和实证研究；其次，我们能够从现象上认清各种因素的作用，但对于供应链社会资本的体系还不够完善，其对企业创新绩效的研究还相对较少，需要细化其社会资本的组织构成并分析其对企业创新绩效的作用机理。最后，忽略了企业生存的外部环境对作用机制的影响。很多学者试图研究企业内部因素在供应链社会资本与企业创新绩效之间的调节作用，供应链社会资本影响企业创新绩效的途径和机制目前还缺乏宏观和微观的有力结合，相对缺少一个比较完善的理论平台体系。

本研究后续将会对社会资本的影响进行细分，致力于从集群供应链关系资本和结构资本两方面分别阐述其对知识活动和创新绩效的影响；除此以外，在诸如供应链一级供应链上直接与公司相关的供应商/客户是否与公司属于同一省份的研究还未进行研究分析，鲜有研究将供应链社会资本根据定义细分为三个具体维度的客观指标，更多依赖于主观判断或问卷调查的数据，主观性较强的数据会使得研究结果的噪音较多。而在国有背景股份、宏观经济制度等方面，供应链社会资本与企业创新的话题均还有着值得探索。本研究后续将会对供应链社会资本进行客观衡量，并对其三个层面的影响进行细分，致力于从供应商社会资本与客户社会资本的三个维度分别阐述其对企业创新绩效的影响。

第四章 供应商社会资本对企业创新绩效的影响机制

第一节 引言

近年来，在瞬息万变的大环境下迎接着数字经济的到来，企业面临着日益激烈的市场环境，企业对创新的关注度逐渐从内部转移到外部环境——上游供应商和下游客户的共同创新（Krause et al.，2007）。为了通过开发与时俱进的新产品从而超越竞争对手，在市场上占有一席之地，企业倾向于向上游企业发出需要帮助的信号（Zhang et al.，2015）。优质的供应商在一定程度上可以为采购企业提供独特的产品、服务、制造流程、及时的市场情报甚至是新的商业模式的途径。许多企业的高管多次表示，上游企业是企业重要的创新来源之一（Gao et al.，2015）。考虑到上游企业在企业战略地位中的重要性，一部分学术专家和业界高管普遍认为企业应与主要供应商发展长期的合作关系（L. S. Miguel et al.，2014；Tangpong et al.，2015）。尤其是在一些知识密集型行业（如汽车制造业、计算机行业、精密仪器制造等），企业逐步偏向于借助供应商在供应网络中的无形资产（如专业知识资产）来制造创造性的新产品（L. S. Miguel et al.，2014）。一些计算机上市公司（IBM 等）逐步将大部分基础的制造业务外包给旭电和伟创力等制造商。汽车类公司（丰田）的研发中心选择与之有着密切业务关联的供应商加入，以帮助推进其更好地进行产品创新（Kull and Ellis，2016）。

看清事物的本质往往需要一分为二，在看到优势的同时也要意识到风险的存在。然而，与供应商的合作也会给企业带来一定的不确定性因素。对于通信类企业而言，原材料是其发展根本，面临断供原材料的风险，使得企业生产经营受到各种打击和威胁，这些现象都表明对上游企业的管理决策的判断与抉择对企业运营产生的影响效应是个值得进一步探究的现实话题（Chae et al.，2019）。供应商在企业利益相关人中具有举足轻重的地位，其中供应商社会资本一直是供应链关系管理的重点。近年来，在供应链管理方面不少学者偏向于研究企业供应商集中度的影响，但现有研究主要探讨了供应商集中度对企业盈余管理、财务策略以及日常运营决策方面的影响，较少研究关注了企业的供应商集中度，甚至缺乏系统地分析供应商社会资本对企业创新绩效的影响。根据已有文献，对于供应商集中度对企业创新的影响结果没有达成一致的结论（Joshi and Arnold，1997；Gao et al.，2015）。因此，需要进一步深入分析影响供应商社会资本与企业创新绩效之间关系的调节因素。企业与供应商合作的主要目的是希望通过合作创造价值，帮助企业取得不可替代的竞争优势，从而获得客户的青睐。

市场营销领域里，企业家与学术界开始逐渐关注商业市场里有关价值的概念，能正确理解价值创造的机制与手段，对于企业来讲非常重要，其涉及商业市场价值的基本属性。供应链管理有关的研究中，也开始掀起一阵有关价值创造的研究潮流。学者们认为，企业新的经济利润来源之一，正是来自为客户创造价值的行动，而其中企业研发是一个标志性的活动。企业创新绩效的成果离不开外部供应商关系与内部创新能力的影响，同时内部创新能力也是企业利用供应商关系获取竞争优势的关键助力因素（Foss et al.，2011）。除了企业创新绩效外，企业价值创造机制还将影响供应商合作关系，从而引发供应商集中度变化。此外，企业为了加大市场的影响力与优势，还将通过建立直接或间接外部组织联系的方式来获取战略性资源。学者们首先注意到的是，多个企业董事由同一人担任的现状，即普遍存在的连锁董事现象。将连锁董事视作获得稀缺资源的渠道，则企业间可以相互利用资源突破发展约束来提高效率和绩效。企业社交网络对于价值创造的价值被越来越多的学者关注，连锁董事所形成的社会网络和结构洞已被明确指出影响了企业战略、绩效以及运营。

综上所述，本书主要解决以下三个问题：①企业的供应商社会资本不同维度对企业创新绩效的影响效应；②企业研发投入强度如何影响企业的供应商社会资本各维度对企业创新绩效的作用；③企业间高管兼职所形成的社会网络结构（兼职数量）在价值创造机制（研发投入强度所产生的机制）对企业的供应商社会资本与企业创新绩效之间关系的调节作用中扮演怎样的角色。

第二节　理论分析和研究假设

一、供应商结构维度社会资本与企业创新绩效

1. 结构维度与企业创新绩效

组织之间的交互作用对创新绩效的表现有积极的影响。Ebadi 和 Utterback（1984）指出技术创新绩效在很大程度上依赖于技术创新过程中各方组织沟通的效果。网络节点之间的强连接有助于组织间进行深度互动，进而积极正向影响到组织生产管理方式和企业的创新能力（Hsu，1997）。在理论层面阐述了组织间的互动不仅能产生高水平的社会资本，还可以获得更多企业自身无法具有的稀缺资源，最终产出具有市场竞争力的新产品（Hansen，2000；Westhead，2004）。一部分学者认为，不同组织之间联系紧密，会形成两种关系：强关系与弱关系，前者在于获取信息的关键资源，后者则与融资有关。在网络中流动的速度越快，直接联系和间接联系对于创新都有正向影响，间接联系对创新的影响强弱会受到直接联系数量的调节，结构洞对创新绩效既有直接影响又有间接影响（Ahuja，2000；Pierre et al.，2004）。

首先，企业与上游企业（供应商）的合作关系越紧密、越频繁，会让他们之间的沟通效率越具实效性，这种密切的沟通交流能够减少合作过程中的冲突以及减少不必要的成本，使得双方合作起来更融洽，合作方案的满意度更高，从而使得合作过程更加高效，合作结果也往往较为满意（Shi et al.，2012）。例如，与上游企业有效合作下，企业能够在产品所需要的原

材料上把控好，合理安排好生产产品的周转天数，从而提高库存管理效率，进而提高企业运营效率，形成良好的循环模式。基于此，企业才能把精力更高效地投入产品创新生产中。其次，企业与供应商良好的合作关系可以通过高水平的供应商集中度体现，随着供应商集中度的提高，企业与供应商两者的信任感也会随之增加。正是由于信任的存在，双方才能更好地分享各自拥有的信息，以达到进一步的深入合作。比如，与上游企业交流互动中，企业在双方共享信息中学习了供应商拥有的前沿的新技术，从而在市场上抢占先机并占有一席之地，进而提升企业知名度和绩效。例如，东风汽车公司（Dongfeng Motor）会将自身战略性的零部件的供应分包给战略合作伙伴，并与战略合作伙伴形成紧密联系，以达到默契的合作效果，从而进一步帮助企业提高产品创新的效率。一些学者发现企业与供应商之间联系越密切，越有助于双方在技术创新发展道路上达成一致，合作也更加融洽，最重要的是能够帮助企业快速获得创新的领先优势。最后，基于交易成本理论，结构维度供应商社会资本的提高会产生成本优势，形成高效的采购流程，从而使企业抗风险能力也会更强。寻找到企业合适的关键供应商，会大大减少企业对双方合作关系的搜寻以及维护成本，与一家优质的供应商合作明显优于与多家零散的小供应商合作，所以说结构维度供应商社会资本（供应商集中度）水平表现在供应商管理上的流程就会越简单，从而能够帮助企业节约供应链管理的时间成本和减少不必要的财务成本，使得企业能够有更多的精力投入其他经营活动当中（Bozarth et al.，2009；Yeniyurt et al.，2014；Yan et al.，2020）。

基于上述分析，本书提出以下假说：

H1a：企业与供应商之间结构维度的社会资本对企业创新绩效具有积极影响。

2. 研发投入强度的调节作用

企业能够通过与外部供应商的紧密合作获得新知识和新技术，仅仅拥有这种新知识和新技术并不能创造企业价值，还需要企业自身有意愿和有能力将其转化输出为新产品，才能够为企业提升水平和创造价值（Han et al.，2017；Mizik et al.，2003）。企业研发投入强度能够反映出企业的价值创造机制，代表了企业愿意进行创新的意愿和能力（Han et al.，2017）。企业价值创造机制需要各类组织所提供的资源，同时也需要参与到各种活动当中，而研发投入强度作为价值创造的基石受到了广泛的关注（Mizik et al.，2003）。在与主要供应商合作的过程中，企业研发投入强度也发挥着重要的作用。一方面，当企业具有较高的研发投入强度时，合作的供应商会看到企业的潜在价值，从而更愿意与之达成长期合作关系（Aguilera et al.，2015）。有合作意愿的供应商（上游企业）在企业关系成本的维护上投入更多，共享行业领先信息的意愿更加强烈，有助于企业学习提升。因此，企业积极地进行研发投入能够得到关键供应商的青睐，从而培养出双方的信任感和联系密切度，为双方的合作和共同创新打下坚实的基础。另一方面，从需求端来看，企业的研发投入强度能够帮助企业迅速满足并适应多变的客户需求，并吸引潜在的客户。根据资源依赖理论，企业从上游企业这个外部群体获得的重要信息并不是成为核心竞争力的充要条件，而是前提条件。自身研发投入强度的提升才能使创新绩效得到提升。因此，研发投入强度实际上对于供应商而言，更多的是一种信号传递，企业研发投入得越多，说明企业越重视创新，成功转化为价值提升的欲望越加强烈，和供应商成功合作的概率也就越高（Guenzi et al.，2006）。反之，如果企业不愿意投入更多的成本进行研发，供应商则会认为企业不具有竞争优势和长期发展的潜力，因此会削弱供应商与企业共享信息和合作的意愿，企业被替代的可能性更大。与此同时，企业自身对重要信息的把握能力还未成型，自然而然地会降低企业间的合作效率，企业也很难再通过结构维度供应商社会资本来提升自己的创新能力。

基于此，提出以下研究假设：

H1b：企业研发投入强度正向调节企业的供应商结构维度社会资本与企业创新绩效的影响效应。

3. 董事网络的调节作用

企业的董事会在企业决策中有着举足轻重的地位，主要围绕着财务管理的目标：股东利益最大化。现有的政策允许企业的董事会成员兼职，当一个董事同时兼任两个或两个以上企业时，无形中通过自身在这些企业之间提供了一种连锁效应（Lamb et al.，2016）。通过这种兼职董事所在企业间的联系，自然形成连锁董事的社交网络。企业的董事会连锁效应影响着企业的经营决策和管理，并在管理学和社会学等相关交叉领域引起了学者的大量讨论与研究。大部分学者认为，连锁董事社交网络更多体现的是相互密切联系的交流机制。因为不同的董事会成员掌握的市场信息有所差异，连锁董事自然成了相互交换信息的重要载体，为各自企业获得至关重要的关键资源，包括有形资源（如上游企业采购方面的相关优惠条款）和无形资源（如顾客偏好信息和咨询）（Lamb et al.，2016；Srinivasan et al.，2018）。

根据社会网络理论，企业连锁董事网络也会促进企业做出各种决策行为。连锁董事网络同样是创新活动的一个重要来源，所处的社会网络位置关系能够有效帮助企业获得不可替代且具有核心竞争力的资源（Lamb et al.，2016）。董事兼职的企业数目越多，企业在这个社会网络中所处的位置就越具有优势，越能够识别很多虚假信息（Li et al.，2019）。因此，董事会网络的多样性在一定程度上可以增强企业抗风险能力。具体表现为兼职越丰富的董事提供的信息越能够帮助企业准确评估未来的宏观市场，使得企业有更多充足的时间做好应对。与此同时，多组织的交流，使得企业研发方案有了更多备选项，大大减少了研发失败的概率。连锁董事网络的优势在于投入成本较少、回报较多，其主要原因是非正式制度关系的建立所付出的成本更低，基于经济效益，企业会优先选择连锁董事带来的资源。说明这种非正式制度关系能够在一定程度上替代供应链社会资本所带来的资源效益。特别是当企业在连锁董事网络中处于优势位置时，企业也更容易把新产品研发成功。在一定程度上，这种效应会削弱企业需要利用供应商社会资本来进行创新的依赖性（Kim，2017；Li et al.，2019）。相反地，当连锁董事网络相对较少时，说明企业处于不利的社会网络位置，无法有效利用社交网络关系所产生的资源。在这种情境下，企业对优质供应商的迫切需求就会更加强烈，并且会进一步付出成本以巩固双方的联系。

基于上述分析，本书提出以下假说：

H1c：企业连锁董事网络负向影响企业研发投入强度对供应商结构维度社会资本对企业创新绩效的调节作用。

二、供应商认知维度社会资本与企业创新绩效

1. 认知维度与企业创新绩效

组织之间的共同价值观对创新绩效的表现具有积极的影响。Malecki E. J. 和 P. Oinas（1999）研究表明认知过程影响组织信任，从而影响社会取向，对于新产品的创新和发明过程都具有重要的影响。Hotz-Hart（2000）指出，网络互动培育出的共同价值观、目标和规范，可以为问题的解决提供便利，并促进集体行动与创新行为的发生。共同价值观的形成离不开与供应商紧密合作和联系，而本书对认知维度的度量是通过企业与供应商的

地理位置来判断的。由于企业与供应商处于同一省份，企业面临的大环境类似，故产生的价值观更容易达成一致。根据供应链信息优势假说，地理距离临近的优势，可以认为企业可以降低公司与供应商之间的交流成本，合作也更融洽，从而使企业获得的信息也更及时快捷，更能生产出适应环境的新成品，进而提升企业的创新绩效。

基于上述分析，本书提出以下假说：

H2a：企业与供应商之间认知维度的社会资本对创新绩效具有积极影响。

2. 国有股权的调节作用

在中国特色社会主义特有背景下，同一省份供应链上的国有企业具有独特的优势。国有股权能在一定程度上反映政府对企业的影响作用，体现了政府对企业控制力的影响。同一省份供应链上的相关企业对于政府的支持与依赖同等迫切需求。

国有股①在一定程度上代表国家投资部门对公司的支持态度。国家股在一般理论意义上的终极所有者应该是我国全体公民，但由于其概念的整体抽象性而无法落实到具体的自然人身上，缺乏有效的监督。

对于国有股权较高的公司来说，既具有民营企业的性质，又具有国有企业的性质，双重属性必将导致其受政府保护程度不一样。相较于国有股权更少的公司，国有股权较高的公司偏向于国有性质，相对会享受到政府带来的更多优惠政策、融资便利、更低的融资成本等好处。对于同一省份的供应商而言，在国有股权更高的公司中，供应商对其的青睐程度大大增加。由此可见，国有股权的存在使得其享有政府所带来声誉担保。一方面，公司可享有国有股权带来的产权保护、资金获取能力以及多元化投资等便

---

① 国有股一般由国务院授权的部门或机构持有，或根据国务院的决定，由地方人民政府授权的部门或机构持有。

利。特别是当公司出现经营困难时，国有股权的代理人若能很好了解公司的发展前景和理解所处的困境，则会利用政治权力保护国有资产而减少公司的经济损失，甚至可能会为了企业正常经营而采用行政手段。与此同时，依赖于国有股权的庇护，可能会弱化从供应商方面获取信息的需求。另一方面，政府作为公司的投资者，更倾向于稳妥且成熟的产品设计，与供应商之间的交流程序过于冗长，对于重要信息的获取显得不那么及时有效，从而借助于供应商社会资本来提升企业创新的动力锐减。因此，国有股权会弱化地理位置临近企业对供应商社会资本的迫切需要，反而对当地政府的庇护形成依赖。

基于上述分析，本书提出以下假说：

H2b：企业国有股权负向调节企业结构维度供应商社会资本对企业创新绩效的影响效应。

三、供应商关系维度社会资本与企业创新绩效

人们间的关系网络有利于信任关系的建立，大家都遵守诺言（Guiso et al.，2004）。一方面，企业对供应商的信任降低了否定批评带来的压力，增加了双方交流中提出新颖想法的意愿，创新的提出需要一个低压力的良好氛围，从而信任就成为组织与组织间良好互动的核心要素（Ford，2000；Dirks，2000）。另一方面，如果合作伙伴之间缺乏一定的信任度，新产品的研发将很难实现，困难重重、效率低下等问题将接踵而至。只要大家相互信任，就会有效地降低冲突的发生，增进知识共享，通过提高合作效率达到新产品创新绩效（Inkpen，2005；Hogan，1994）。组织之间的信任自发引起企业与供应商之间共享前沿信息与技术，供应商基于被信任，会更愿意帮助企业获取吸收这些知识和技术，企业才能将有用的信息内化为能力为企业

创造价值，实现创新绩效的目标（方世荣，2004；Dhanaraj，2004；徐和平，2004）。

除此之外，基于资源依赖理论，供应商与企业的密切联系还能进一步地帮助企业获得所在网络结构中的潜在隐形资源，如当企业突然经营不善，面临生存危机时，信任就发挥了很大作用，能够让企业走出困境，获得与之密切联系供应商的商业信用，从而缓解资金周转的问题。

基于上述分析，本书提出以下假说：

H3：企业与上游供应商之间关系维度的社会资本对企业创新绩效具有积极影响。

四、制度环境动态性的调节效应研究

如前所述，结构维度、认知维度和关系维度属于不同性质的社会资本，建立动机不一致可能会受环境因素的影响而产生差异。如在金融市场化低以及金融行业竞争程度低的地区中，企业对供应商社会资本的依赖程度会增加。在转轨经济社会中，供应商社会资本作为正式制度的替代，可增加企业抵御财务风险的能力，提高企业受法律保护的程度和信任度，但对企业利用供应商社会资本这一渠道提高企业创新绩效的作用既可能存在替代关系也可能存在促进关系。一方面，企业在金融市场化高的市场上获取的信息可靠度较高，不需要借助其他渠道共享前沿信息，此时供应商社会资本所发挥的作用微乎其微；另一方面，正是由于环境金融行业竞争的良好氛围，促进了供应商社会资本的信息传播效应，使得对创新绩效的作用更大。由此可见，供应商社会资本三个维度在不同制度背景下，对于企业创新绩效的影响究竟是一种积极作用，还是一种消极因素，需要进一步检验。

基于以上分析，我们提出以下假设：

H4a：在市场化发展落后、法治效率低下、政府干预弱的地区，供应商结构维度社会资本对企业创新绩效的影响效应更为显著。

H4b：在市场化发展落后、法治效率低下、政府干预弱的地区，供应商认知维度社会资本对企业创新绩效的影响效应更为显著。

H4c：在市场化发展落后、法治效率低下、政府干预弱的地区，供应商关系维度社会资本对企业创新绩效的影响效应更为显著。

综合上述分析，本章的逻辑思路及实证过程如图 4-1 所示。

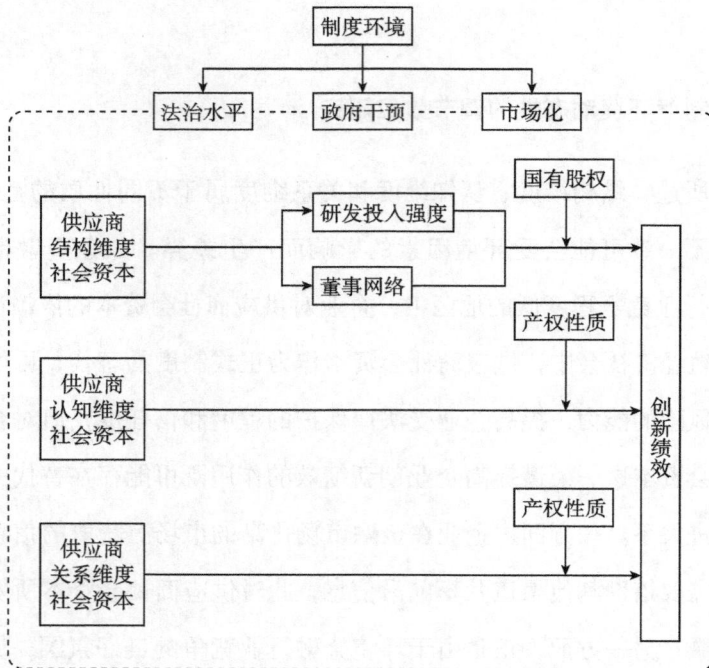

图 4-1 本章研究思路

第三节　研究设计

一、样本选取与数据来源

本书选取 2009~2020 年 A 股上市企业作为研究样本，选取 2009~2020 年为研究的样本期间，我们执行了如下样本筛选程序：①删除同时发行 B 股或者 H 股的上市公司；②删除样本期间曾经或者正被 ST、*ST、S、S*ST 的上市公司；③删除金融类上市公司；④删除关键财务数据或者核心考察变量数据缺失和资产负债率大于 1 的上市公司。最终得到 10392 家公司的年观测值。

对于上游供应商社会资本指标体系的数据主要根据 CSMAR 整理所得。供应链社会资本的指标体系上文已经给出，这里不再赘述，主要是借鉴边燕杰和近海雄（2000）对社会资本的界定进行引申改进，由于各维度的值不可直接相加，得到上游供应商社会资本三个层面（结构维度社会资本、认知维度社会资本和关系维度社会资本）的上游供应商社会资本具体的数值。其余数据主要是采用 Pittman 和 Fortin（2004）的剔除极值的方法来进行处理。其余数据均来自 CSMAR 数据库、锐思、Wind 数据库整理所得。

二、模型设定与变量说明

根据前文的分析，本章所需研究变量的定义的具体名称和定义如表 4-1 所示。

表 4-1　主要变量定义

变量类型	变量符号		变量定义
被解释变量	Innovation		创新绩效：外观设计、实用新型和发明专利在内的专利授权数量之和①
考察变量	供应商结构维度社会资本	SSDSC	供应商集中度：前五大供应商采购额占年度总采购额比率
		SSDSC2	供应商集中度赫芬达尔指数：前五大供应商采购额占总采购额比率平方之和
	供应商认知维度社会资本	Sone	一级供应链业务关系：上市公司 A 直接对接的供应商与企业是否同一个省份，若是赋值 1，否则赋值 0
		Stwo	二级供应链业务关系：上市公司 A 直接对接的供应商是否为国企，若是赋值 1，否则赋值 0
	供应商关系维度社会资本	CCRE	商业信用：企业从上游供应商处获取的商业信用，用"（应付票据+应付账款）／营业成本"来衡量
	调节变量	Rd	研发投入强度：研发投入占营业收入比例
		Dt	董事网络：董事兼职的个数
		Own	国有股份：国有股占总股数的比例
控制变量	Ldisacc		盈余质量：根据 Jones 模型中计算总应计方法
	Growth		成长性：比上一年营业收入的增长率
	LNasset		总资产：总资产的自然对数
	Independent		独立董事占比：独立董事在董事会中的比例
	Larger		股权结构：第一大股东的持股比例
	ROA		资产收益率：营业利润/总资产
	Leverage		资产负债率：负债总额/总资产
	Intangible		无形资产比重：无形资产总额/总资产
	AGE		企业成立的年份：加 1 再取对数
	DFL		财务风险：财务杠杆
	CASH		营业收入现金净含量：经营活动产生的现金流量净额/营业总收入

---

①　本书在稳健性检验部分用专利授权存量、专利被引数据以及专利授权之和缩尾处理作为替代进行检验。该衡量方式参考黄远等（2021）衡量创新绩效的评判方法。

变量类型	变量符号	变量定义
控制变量	soe	产权性质：国有企业取 1，非国有企业取 0
	Year	年度
	Industry	行业
制度环境	MarketizationD	金融市场化：当企业所在省份该指数低于样本中位数时为 1，否则定义为 0
	LawD	法治水平：当企业所在省份该指数低于样本中位数时，我们就将法治水平虚拟变量（LawD）定义为 1，否则定义为 0
	GovernmentD	政府干预程度：当企业所在省份该指数低于样本中位数时，取 1，否则取 0

根据上文分析，我们设计了包含非正式制度因素的四个回归模型来分别验证上述的四个方面的研究假设。

1. 供应商结构维度社会资本对企业创新绩效的影响效应

（1）为了检验假设 H1a，如式（4-1）所示。

$$Innovation_{it} = \alpha_{i,t} + \beta_1 SocialI_{i,t-1} + \sum Control_{i,t-1} + \sum Year +$$

$$\sum Industry + \varepsilon_{i,t} \tag{4-1}$$

其中，SocialI 取 SSDSC、SSDSC2；Control 取 Intangible、Leverage、soe、Q、ROA、LNasset、Larger、AGE、Growth、DFL、CASH。

这个式（4-1）是供应商结构维度社会资本对企业创新绩效的影响效应模型，式中的被解释变量是 Innovation，该数据借鉴黄元等（2021）的方法计算所得（创新绩效：外观设计、实用新型和发明专利在内的专利授权数量之和），该数值越大表明企业申请专利的授权数越多，创新绩效越高；关键考察变量是供应商社会资本（SocialT），主要由三个层面的社会资本组成：结构维度社会资本（SSDSC）、认知维度社会资本（Sone）、关系维度社会资本（CCRE）。根据已有文献的研究可知，研发投入强度（Rd）是企业重视研发投入的体现，其值越大说明企业愿意创新的意愿越强，创造出新产品愿意付出的成本越大，因此模型中引入调节变量研发投入强度。公司成长性（Growth）等于上一年营业收入的增长率。资产收益率（Roa）代表企业盈利能力，该值越大说明企业盈利能力越强，则与供应商之间的合作会更融洽，供应商也倾向于合作盈利能力强的企业；而且盈利能力强的公司具有较低的破产风险，债务融资成本较低；资产负债率（Leverage）能够说明企业现阶段债务水平，资产负债率越高，企业的债务融资成本越高；资产规模越大，无形资产比例、第一大股东持有股份较低的表现，成长性、公司年限等公司治理特征和财务特征是影响企业创新的重要因素；最终我们选择的控制变量分别为：托宾 q（Q）、企业年限（AGE）、公司规模（LNasset）、资产收益率（ROA）、资产负债率（Leverage）、成长性（Growth）、财务杠杆（DFL）、营业收入现金净含量（CASH）、无形资产比重（Intangible）、国有股（C2），最后我们还控制了行业（Industry）和年度（Year）因素。

（2）为了验证 A 股上市企业供应商供应链社会资本对企业创新绩效产生影响效应，即验证假设 H1b、H1c，如式（4-2）所示。

$$Innovation_{it} = \alpha_{i,t} + \beta_1 SocialI_{i,t-1} + \sum Adjust_{i,t-1} + \sum Adjust_{i,t-1} \times SocialI_{i,t-1} +$$

$$\sum Control_{i,t-1} + \sum Year + \sum Industry + \varepsilon_{i,t} \qquad (4-2)$$

其中，SocialI 取 SSDSC、SSDSC2、Sone、Stwo、CCRE；Adjust 取 Rd、Dt、Own；Control 取 Intangible Leverage、soe、Q、ROA、LNasset、Larger、AGE、Growth、DFL、CASH。

即研发投入强度、董事网络和国有股份的调节作用，见式（4-3）、式（4-4）和式（4-5）。

$$\text{Innovation}_{it} = \alpha_{i,t} + \beta_1 \text{SSSDSC}_{i,t-1} + \beta_2 \text{Rd}_{i,t-1} + \beta_3 \ \text{Rd}_{i,t-1} \times \text{SSDSC}_{i,t-1} +$$

$$\sum \text{Control}_{i,t-1} + \sum \text{Year} + \sum \text{Industry} + \varepsilon_{i,t} \qquad (4\text{-}3)$$

$$\text{Innovation}_{d_{i,t}} = \alpha_{i,t} + \beta_1 \text{SSDSC}_{i,t-1} + \beta_2 \text{Dt}_{i,t-1} + \beta_3 \ \text{Dt}_{i,t-1} \times \text{SSDSC}_{i,t-1} +$$

$$\sum \text{Control}_{i,t-1} + \sum \text{Year} + \sum \text{Industry} + \varepsilon_{i,t} \qquad (4\text{-}4)$$

$$\text{Innovation}_{d_{i,t}} = \alpha_{i,t} + \beta_1 \text{SSDSC}_{i,t-1} + \beta_2 \text{own}_{i,t-1} + \beta_3 \ \text{own}_{i,t-1} \times \text{SSDSC}_{i,t-1} +$$

$$\sum \text{Control}_{i,t-1} + \sum \text{Year} + \sum \text{Industry} + \varepsilon_{i,t} \qquad (4\text{-}5)$$

2. 供应商认知维度社会资本对企业创新绩效的影响效应

（1）为了验证供应商认知维度社会资本对企业创新绩效产生的影响效应，即验证假设 H2a、H2b，如式（4-6）所示。

$$\text{Innovation}_{it} = \alpha_{i,t} + \beta_1 \text{SocialI}_{i,t-1} + \beta_2 \text{Control}_{i,t-1} + \sum \text{Year} + \sum \text{Industry} + \varepsilon_{i,t}$$

$$(4\text{-}6)$$

其中，SocialI 取 Sone、Stwo；Control 取 Intangible Leverage、soe、Q、ROA、LNasset、Larger、AGE、Growth、DFL、CASH。

（2）为了验证基于不同产权下 A 股上市企业供应商认知维度社会资本对企业创新绩效是否产生差异性的影响效应，即验证假设 H2b，分为国有企业与非国有企业两组，分组深入分析与讨论。

3. 供应商关系维度社会资本对企业创新绩效的影响效应

为了验证供应商关系维度社会资本在不同企业性质下对企业创新绩效产生的影响效应，即验证假设 H3，如式（4-7）所示。

$$\text{Innovation}_{it} = \alpha_{i,t} + \beta_1 \text{CCRE}_{i,t-1} + \beta_2 \text{Control}_{i,t-1} + \sum \text{Year} + \sum \text{Industry} + \varepsilon_{i,t}$$

$$(4\text{-}7)$$

其中，Control 取 Intangible Leverage、soe、Q、ROA、LNasset、Larger、AGE、Growth、DFL、CASH。

4. 制度环境差异与供应商社会资本对企业创新绩效的影响效应

为了验证不同制度环境下不同维度供应商社会资本对企业创新绩效的差异性，本书在实证回归模型以制度环境分组变量，考察不同组的回归结果。进一步可以在实证回归模型中引入制度环境与供应链社会资本的交乘项，并同时控制企业层面的特征对企业创新绩效的影响。如式（4-8）所示：

$$Innovation_{it} = \alpha_{i,t} + \beta_1 SocalI_{i,t-1} + \beta_2 X_{i,t-1} + \beta_3 SocialI \times X_{i,t-1} + \sum Control_{i,t-1} +$$

$$\sum Year + \sum Industry + \varepsilon_{i,t} \qquad (4-8)$$

其中，X 取 MarketizationD、GovernmentD、LawD；SocialI 指 SSDSC、SSDSC2、Sone、Stwo、CCRE，而制度环境变量本书在这里主要考察三类，分别是政府干预、金融市场化、法律，式（4-8）的控制变量与第一个基础模型一致。制度环境变量的定义与解释见前文的主要变量定义表。本书的制度特征我们根据王小鲁、樊纲、胡李鹏（2019）编制的我国各地区的市场化指数体系中的相关指标来进一步估算度量出各地区的制度特征，包括政府干预程度、金融市场化、法治环境等可能对公司的创新绩效产生过程的影响外，企业的产权性质、公司规模、成长性等也是重要因素，具体说明如下：由于我国国企和民营企业在大环境下具有较多不同，绝大多数的民营企业对供应商社会资本的依赖程度与国企不同，故这里用国有股份来考察企业的国有性质，即采用十大股东所含国有股份的比例来衡量变量 Own。稳健性分析时，可采用哑变量来区分，如果公司的国有股份超过平均值，则 C2 = 1，否则 C2 = 0。C2 是国有股份的虚拟变量。

第四节 实证分析

一、描述性统计

表 4-2 提供了各主要变量的描述性统计，为消除极端值的影响，本书已对所有连续变量均进行上下 1% 的 Winsorize 处理。此外，本书计算了各主要变量的方差膨胀因子 VIF 值，绝大部分在 1.5 以内，均远远小于 10，表明模型不存在严重的多重共线性。从表 4-2 可以看到，对于被解释变量的描述性统计主要表现为：从统计结果可以看出，Innovation（创新绩效）均值为 130.2，最小值为 3，最大值为 2265，不同企业创新水平存在较大差异。

对于考察变量的描述性统计主要表现为以下三点：①SSDSC（供应商集中度）均值为 15.60，最小值为 1.57，最大值为 75.17，样本中不同公司供应商集中度差距较大；②Rd（研发投入强度）均值为 4.69，整体来说研发投入强度都比较低；③Own（国有股份）的均值为 0.05，最大值为 0.92，样本公司引入国有股份偏低。

对于控制变量的描述性统计主要表现为：①Ldisacc（盈余质量）的均值为 0.01，最大值和最小值分别为 6.22 和 -2.86，表明样本盈余质量上存在显著差异；②Growth（成长性）的均值为 5.67，最大值为 130000，最小值为 -1.31，可见样本公司成长性差异较大；③LNasset（总资产）均值为 21.99，标准差为 1.21，说明样本企业资产水平差异不大；④Larger（股权结构）的均值为 33.58，最大值为 89.41，且中位数为 31.73，基本服从正态分布；⑤ROA（资产收益率）的均值为 0.03，中位数为 0.03，说明样本企业总体上资产收益率差异较小且偏低；⑥Leverage（资产负债率）均值为 0.42，一般认为资产负债率在（23%，45%）为合理区间，说明样本资本结构较合理；⑦Intangible（无形资产比重）的均值为 0.05，最大值为 0.83，由此可见样本公司偿还贷款的能力较差；⑧AGE（企业成立的年份）的均值为 7.60，中位数也为 7.60，说明企业成立年份差异较小。

对于制度环境的描述性统计主要表现为：①MarketizationD（金融市场化）的均值为 12.88，说明金融市场化程度较高；②LawD（法治水平）的均值为 7.26，说明各项法律制度较完善，法治水平较高；③GovernmentD（政府干预程度）的均值为 9.78 偏大，说明政府干预经济程度总体上较弱。

表 4-2　主要变量的描述性统计

Variable	Obs	mean	sd	min	p50	max
Innovation	10392	130.20	306.80	3	39	2265
Patent	10392	161.10	745.10	3	39	40182
Invention	10392	43.08	291.90	0	6	10677
Practical	10392	96.38	478.40	0	21	26151
Exterior	10392	21.63	110.30	0	0	4860
SSDSC	10392	15.60	13.69	1.57	11.25	75.17
Sone	10392	0.06	0.24	0	0	1
Stwo	10392	4.21	0.80	1	4	5
Rdpersonr	10392	11.25	44.68	0	7.63	3182
Rd	10392	4.69	5.21	0	3.57	76.35
Dt	10392	16.58	20.27	0	10	632
Own	10392	0.05	0.14	0	0	0.92
CCRE	10392	1.23	14.36	0	0.17	614.40
Intangible	10392	0.05	0.05	0	0.04	0.83

续表

Variable	Obs	mean	sd	min	p50	max
Ldisacc	10392	0.01	0.22	−2.86	0.02	6.22
Leverage	10392	0.42	0.25	0.010	0.40	8.61
soe	10392	0.29	0.45	0	0	1
Q	10392	3.00	16.22	0.75	1.93	729.60
ROA	10392	0.03	0.17	−6.78	0.03	8.44
LNasset	10392	21.99	1.21	14.94	21.86	29.19
Larger	10392	33.58	14.68	3.62	31.73	89.41
AGE	10392	7.60	0	7.58	7.60	7.61
Growth	10392	6.13	822.8	−1	0.11	130000
DFL	10392	1.71	20.54	−81.34	1.08	2403
CASH	10392	−0.10	13.30	−1757	0.08	49.74
Dfl	10392	1.69	19.77	−81.34	1.08	2403
MarketizationD	31	12.88	1.45	5.34	12.92	16.43
GovernmentD	31	9.78	1.86	−1.87	9.60	13.93
LawD	31	7.26	2.22	−30.35	7.13	11.93

二、回归分析

1. 供应商结构维度社会资本对企业创新绩效的影响效应

由表4-3可见，假设H1a、假设H1b、假设H1c的回归结果，即反映供应商结构维度社会资本以及不同层面调节变量与供应商结构维度社会资本的交互关系，从而影响企业创新绩效的影响效应回归模型的实证结果。其中，第1列模型反映的是供应商结构维度社会资本对企业创新绩效的OLS回归结果，其解释变量供应商结构维度社会资本（SSDSC）的系数为0.548，且在10%的水平下显著，这一结果与预期一样，验证了假设H1a，说明供应商结构维度社会资本的确能够增加企业创新绩效的功效；为了进一步分析供应商结构维度社会资本中对创新绩效的作用是如何产生的，第2列、第4列和第6列分别反映的是调节变量研发投入强度（Rd）、董事网络（Dt）、国有股份（Own）在供应商结构维度社会资本对企业创新绩效影响的作用效果的 OLS 回归结果。从回归结果可以看出，除了研发投入强度（Rd）和董事网络（Dt）外，国有股份（Own）这一调节变量的交乘项的系数为负，研发投入强度（Rd）的系数为 1.462（在 10% 的水平下显著），董事网络（Dt）的回归系数为 0.315（在 5% 的水平下显著），国有股份（Own）的回归系数为 -169.525（在 5% 的水平下显著），由此可以看出最后这一调节变量会减少企业创新绩效的产生。首先对于研发投入强度而言，企业增加研发的投入，会给供应商释放积极向上的信号，与之合作更能有效达成默契。供应商结构维度社会资本能够通过研发投入强度的增加，产生有利于企业创新的成效，新产品开发成功的可能性更强。与此同时研发投入强度会对供应商结构维度社会资本的影响效应起到增强作用，主要体现在研发投入强度（Rd）与供应商结构维度社会资本（SSDSC）的交乘项RdSSD 的系数为 0.026（在 5% 的水平下显著）。反映出社会资本的集中度能够在供应链中占据一定的话语权，具有博弈的资格，社会资本集中度的确能够影响企业创新绩效。而董事网络（Dt）的系数为 0.315（在 5% 的水平下显著），说明董事会成员的兼职带来的社会资本会替代供应商结构维度社会资本，由连锁董事网络的社会资本与自身所在位置所决定，获得信息的成本更低、更便捷，资源的类型也更加丰富，所以导致董事网络能促进企业创新绩效，且与供应商结构维度社会资本之间存在替代关系，因为其削弱了供应商结构维度社会资本对创新绩效的影响效果，说明企业基于交易成本理论，会理性选择有利于企业的抉择，投入更少的成本来获得资源。最后对于国有股权的作用，显然和中国特色社会主义的特色相关，国有股权的存在，使得企业更偏向于稳定企业的发展，而不选择激进的决策，不轻易开发新产品，控制成本费用的支出。这是由于国有股权相较于民营企业而言，需要维护的关系较多，自然而然花费大量额外的成本，延缓了企业的创新。国有股权与供应商结构维度社会资本的交乘项 OwnSSD 的系数并不显著，这说明国有股权未能削弱供应商结构维度社会资本对企业创新绩效的影响效用，这也间接证明了供应商结构维度社会资本作用于企业创新绩效的影响机制在国有企业和民营企业中是有差异性的。

表4-3　供应商结构维度社会资本对企业创新绩效的影响回归结果

Variable	（1）Innovation	（2）Innovation	（3）Innovation	（4）Innovation
SSDSC	0.548 *	1.134 **	0.881 **	0.834 *
	（1.87）	（2.45）	（1.97）	（1.91）
Rd		1.462 *		
		（1.87）		
RdSSD		0.026 **		
		（2.46）		
Dt			0.315 **	
			（1.98）	
DTSSD			-0.006 ***	
			（-3.36）	
Own				-169.525 **
				（-2.39）
OwnSSD				3.560
				（1.21）
Intangible	196.396 **	256.202 **	278.313 **	251.642 **
	（2.36）	（2.01）	（2.19）	（1.99）
Leverage	-27.738	-20.029	-49.405	-55.909
	（-1.12）	（-0.57）	（-1.44）	（-1.64）

续表

Variable	(1) Innovation	(2) Innovation	(3) Innovation	(4) Innovation
soe	50.957***	38.888*	53.267**	63.885***
	(3.05)	(1.72)	(2.34)	(2.79)
Q	0.307*	−0.926	0.094	0.097
	(1.84)	(−0.52)	(0.51)	(0.52)
ROA	195.150***	65.330	243.617**	245.258***
	(2.75)	(0.67)	(2.54)	(2.59)
LNasset	5.691	2.328	2.000	3.235
	(1.05)	(0.29)	(0.27)	(0.43)
Larger	0.031	0.052	−0.067	−0.047
	(0.08)	(0.10)	(−0.13)	(−0.09)
AGE	2931.933	4054.760	4375.377	4128.426
	(0.96)	(0.98)	(1.05)	(1.01)
Growth	−0.294	−0.018	0.108	−0.180
	(−0.30)	(−0.01)	(0.08)	(−0.14)
DFL	0.011	2.042*	2.020*	1.959*
	(0.18)	(1.96)	(1.93)	(1.87)
CASH	4.365	5.337	9.256	9.363
	(0.55)	(0.53)	(0.83)	(0.85)
industry	控制	控制	控制	控制
year	控制	控制	控制	控制
_cons	−2.24e+04	−3.07e+04	−3.32e+04	−3.13e+04
	(−0.97)	(−0.98)	(−1.05)	(−1.01)
N	10392	10392	10392	10392
R−Square	0.312	0.312	0.313	0.311
Adj. R−Square	0.218	0.216	0.217	0.215

注：①表格内的数字上面表示估计系数，下面括号内的数字表示 t 值；②***、**、*分别表示 1%、5%、10%的显著性水平。

综上所述，由表 4-3 的回归结果可以看出供应商结构维度社会资本是能够增加企业创新绩效的，并且该作用主要来自研发投入强度在其中起到的影响效用。

在控制变量方面，资产收益率（ROA）与企业创新绩效显著正相关，说明资产收益率越高的企业，越容易获得供应商的青睐，从而更容易获得上游企业共享的技术信息，于是研发出适应市场的新产品更快、更准确；无形资产的占比（Intangible）体现的是无形资产的投入，在无形资产越多的企业当中，供应商更愿意相信其是有意愿开发新产品的动机和愿景，也容易与之融洽合作。

2. 供应商认知维度社会资本对企业创新绩效的影响效应

由表4-4可见，作为供应商认知维度社会资本与企业创新绩效间相互关系的回归模型的实证结果。其中，第1列反映的是一级供应商在企业创新绩效中起到的作用，根据结果显示，供应商认知维度社会资本（Sone）的系数为21.148，在5%的水平下显著，供应商认知维度社会资本（Stwo）的系数虽然也是为正，但是却不显著，这两个系数一对比就会发现，与企业之间关联的供应商对企业的创新绩效起着决定性作用。说明一级供应链上的供应商与企业若在同一个省份，对一些基本价值观上更容易达成一致，交流起来也更加顺畅，企业能够更好地从上游供应商那里获得更多的有利信息以助于企业吸收消化，转化为企业的创新发展能力，从而达到提高企业创新绩效的目的。地理位置上的紧邻，很好地缓解了交易成本的存在，双方也更加熟悉当地文化，能够结合当地顾客的需求，设计出非同一省份供应链公司所不能生产出的新产品，从而稳固了双方的关系，加大合作的力度，以便在当地抱团发展，也有助于企业利用好供应商认知维度所带来的社会资本为自己所用。第2列反映的供应商认知维度社会资本（Stwo）与企业创新绩效之间关系的OLS回归结果。由表4-4的回归结果显示，二级供应链上的供应商即便与企业同处于一个省份，却未能使得企业及时吸收二级供应链上供应商所带来的信息分享，主要原因在于二级供应链上的供应商也许是其他企业的一级供应链上的供应商，由于距离产生优势，越近的企业永远效用越大，故在二级供应链业务上未能体现供应商认知维度社会资本发挥的作用。以上分析大部分支持了假设 H2a，与预期判断基本保持一致。

表 4-4　供应商认知维度社会资本对企业创新绩效的影响回归结果

Variable	(1) Innovation	(2) Innovation
Sone	21. 148**	
	(2.58)	
Stwo		32. 057
		(0.39)
Intangible	433. 179	1043. 131
	(0.48)	(0.21)
Leverage	−501. 014***	424. 240
	(−2.97)	(0.29)
soe	−39. 882	299. 818
	(−0.46)	(0.56)
Q	1. 406***	−263. 207
	(5.44)	(−0.61)
ROA	637. 306	−1. 33e+04
	(0.95)	(−1.04)
LNasset	57. 308*	−320. 658
	(1.77)	(−1.21)
Larger	−0. 103	0. 936
	(−0.05)	(0.04)

续表

Variable	(1) Innovation	(2) Innovation
AGE	27.846 **	−24.305
	(1.98)	(−0.79)
Growth	−3.133	−23.577
	(−1.36)	(−0.21)
DFL	19.428	−524.467
	(1.16)	(−0.91)
CASH	44.046	13.891
	(1.47)	(0.06)
_ cons	−2.10e+05 **	1.85e+06
	(−1.99)	(0.79)
N	10392	10392
R-Square	0.143	0.535
Adj. R-Square	0.08	0.03

注：①表格内的数字上面表示估计系数，下面括号内的数字表示 t 值；② ***、**、* 分别表示 1%、5%、10% 的显著性水平。

进一步分析产权性质供应商认知维度社会资本在创新绩效中起到的作用。表 4-5 列示了国有企业与非国有企业两组在供应商认知维度社会资本上的功效。由于二级供应链业务不显著，故此不加以进一步分析，只对一级供应链业务进行研究。供应商认知维度社会资本（Sone）在国企中显著为正，系数为 15.609（在 5% 的水平下显著），说明国企在同一省份内更容易达成合作，形成强强联手，双方交流成本也会更多。当地政府也会给当地国企大力支持。故表现为国企中由于同省份带来的供应商认知维度社会资本会使国企更容易获得信息，信息传递也更加迅速，减少不必要的信息成本和时间成本，达到高效合作，这是政府和企业双赢的结果。

表 4-5 不同产权性质下认知维度供应商社会资本对

企业创新绩效影响回归结果

Variable	(1) Innovation 国企	(2) Innovation 非国企
Sone	15. 609 **	12. 317
	(2. 00)	(1. 10)
Intangible	554. 722	-1090. 184
	(0. 54)	(-0. 98)
Leverage	-353. 858 *	-819. 764 **
	(-1. 82)	(-1. 98)
Q	-43. 001 **	1. 366 ***
	(-2. 14)	(4. 31)
ROA	365. 725	1295. 619
	(0. 28)	(1. 47)
LNasset	-11. 789	121. 269 *
	(-0. 35)	(1. 79)
Larger	-0. 416	1. 487
	(-0. 11)	(0. 47)
AGE	32929. 388	24805. 821 *
	(1. 55)	(1. 84)
Growth	-12. 376	-4. 941 *
	(-0. 11)	(-1. 71)
DFL	-0. 978	35. 913
	(-0. 05)	(0. 43)
CASH	-91. 088	67. 717 *
	(-0. 51)	(1. 75)
_ cons	-2. 50e+05	-1. 91e+05 *
	(-1. 55)	(-1. 86)
N	2196	8196
R-Square	0. 107	0. 336
Adj. R-Square	0. 10	0. 19

注：①表格内的数字上面表示估计系数，下面括号内的数字表示 t 值；② ***、**、* 分别表示 1%、5%、10%的显著性水平。

3. 供应商关系维度社会资本对企业创新绩效的影响效应

表4-6列示了作为供应商关系维度社会资本与企业创新绩效间相互关系的回归模型的实证结果。其中，第1列反映的是商业信用（CCRE）在企业创新绩效中起到的作用，根据结果显示，供应商关系维度社会资本——商业信用（CCRE）的系数为17.854，在5%的水平下显著，这说明供应商对企业越表示信任，越容易帮助企业渡过危机，以避免与应对不确定的风险，比如遇到疫情的暴发情景，如果这时有稳定的供应商在不断供货，那么会使得企业免予这场危机，供应链的复原力得到更好地提升。表中第2列和第3列分别表示国有企业和非国有企业在供应商关系维度社会资本对企业创新绩效中的作用是否存在差别，结果显示，国有企业中的供应商关系维度社会资本——商业信用（CCRE）的系数并不显著，所以国企对供应商给出足够信任的基础上并未提升企业的资源禀赋。主要原因在于，企业本身为国有企业，供应商更多地偏向于与之达成长期合作关系，企业自身的诉求并未那么强烈，这就导致民营企业本身就不具备资源优势。供应商对其的信任，足以表明合作的意图，共享核心技术资源的倾向，而企业自身对这种供应商伸出来的橄榄枝期盼已久，故供应商关系维度社会资本——商业信用产生的效应比较明显，体现出其系数显著为正。

表4-6　供应商关系维度社会资本对企业创新绩效影响回归结果

Variable	(1) Innovation 全样本	(2) Innovation 国企	(3) Innovation 非国企
CCRE	17.854**	14.269	8.799**
	(2.42)	(1.76)	(1.98)
Ldisacc	13.581	0.592	−9.556
	(1.59)	(0.11)	(−0.73)

续表

Variable	(1) Innovation 全样本	(2) Innovation 国企	(3) Innovation 非国企
Intangible	1492. 712	−1446. 126	−4033. 817
	(1. 04)	(−0. 84)	(−1. 30)
Leverage	951. 235 **	637. 538	−92. 848
	(2. 12)	(1. 33)	(−0. 18)
soe	−164. 502		
	(−1. 29)		
Q	−124. 674 **	25. 113	−4. 333
	(−2. 18)	(0. 28)	(−0. 04)
LNasset	272. 087 **	79. 206	461. 071 ***
	(2. 58)	(0. 74)	(5. 20)
Larger	−11. 885 *	−13. 322	−7. 351 *
	(−1. 96)	(−1. 24)	(−1. 89)
_ cons	−5276. 369 **	−1325. 425	−9180. 875 ***
	(−2. 45)	(−0. 63)	(−4. 91)
N	10392	2196	8196
R−Square	0. 678	0. 760	0. 865
Adj. R−Square	0. 53	−0. 92	0. 77

注：①表格内的数字上面表示估计系数，下面括号内的数字表示 t 值；② *** 、 ** 、 * 分别表示 1% 、 5% 、 10% 的显著性水平。

本书进一步分析产权性质带来商业信用的功效是否有所削弱，以及商业信用对企业而言是不是线性关系的这两个问题，故通过表 4-7 可以得出相应的结果。表 4-7 列示了国有企业与非国有企业两组在供应商关系维度社会资本的功效。表中第 1 列是商业信用与创新绩效之间存在非线性的关系，其商业信用的二次方的系数显著为负，这一结果表明商业信用越高的时候，对企业创新绩效的促进作用并不是一直正相关，而是呈现倒 U 形。

这种非线性关系在国企中同样不明显，而在非国企中表现得比较明显。供应商关系维度社会资本在国企中是不显著，然而通过表中第 1 列和第 3 列系数和显著性的对比，明显在民营企业中，供应商关系维度社会资本带给企业的效果更好，也就表明供应商对民营企业的信任，更多的不是看这个企业的地位，而是看这个企业是否具备优质客户的条件，通过民营企业的积极态度以及对该供应商的迫切需求，使得通过这一渠道影响企业创新绩效的效果也更加明显。

表 4-7　供应商关系维度社会资本与企业创新绩效的非线性关系回归结果

Variable	(1) Innovation 全样本	(2) Innovation 国企	(3) Innovation 非国企
CCRE	15. 231 * (1. 95)	2035. 887 (1. 02)	19. 147 *** (2. 93)
CCRE2	−0. 614 ** (−1. 98)	−631. 508 (−0. 88)	−1. 153 *** (−2. 80)
Ldisacc	11. 598 (1. 34)	14. 834 (1. 49)	−17. 202 * (−1. 97)
Intangible	1184. 144 (0. 81)	1913. 895 (1. 91)	−5724. 329 * (−1. 93)
Leverage	1028. 419 ** (2. 13)	−662. 569 (−1. 84)	−85. 621 (−0. 19)
soe	−156. 892 (−1. 21)		
Q	−121. 006 ** (−2. 10)	56. 203 (1. 27)	21. 071 (0. 24)
LNasset	272. 979 ** (2. 62)	−20. 681 (−1. 33)	483. 982 *** (6. 52)
Larger	−12. 842 ** (−2. 06)	10. 054 (1. 05)	−8. 352 ** (−2. 48)

续表

Variable	(1) Innovation 全样本	(2) Innovation 国企	(3) Innovation 非国企
_ cons	−5274.562**	−468.634	−9614.276***
	(−2.46)	(−1.13)	(−5.90)
N	10392	2196	8196
R−Square	0.690	0.8300	0.902
Adj. R−Square	0.53	0.76	0.82

注：①表格内的数字上面表示估计系数，下面括号内的数字表示 t 值；② ***、**、* 分别表示 1%、5%、10%的显著性水平。

4. 制度环境动态性的调节效应研究

（1）政府干预与供应链社会资本对企业创新绩效的影响回归结果。表 4-8 列示了研究假设 H4a 的回归结果。表中第 1 列和第 2 列分别研究了在政府干预强和政府干预弱的地区，政府干预与供应链结构维度社会资本对企业创新绩效的影响效应。虽然两组回归模型中，供应链结构维度社会资本的回归系数在政府干预弱的地区中显著为正数（P<0.1），说明在政府干预弱的地区，企业通过与供应商建立良好合作关系共享信息的动机更强，效果也会更明显。因为在政府干预强的地区，即便是建立好了与供应商的某种联系，这种联系的功效在政府干预强力下也显得微乎其微。这一方面也证明了缺乏正式制度的环境下，对提升创新绩效方面正式制度与非正式制度（供应商社会资本）间起着替代作用。表中第 3 列和第 4 列的回归结果显示，供应商认知维度社会资本的系数均为负数，且在政府干预强的地区，其系数为−538.496（在 5%的水平下显著为负），证明了假设 H3b，也进一步说明在政府干预强的地区，同一省份的供应链合作伙伴之间的联系会被削弱，进一步导致供应商认知维度社会资本提升创新绩效的作用减

弱。表中第 5 列和第 6 列分别列示了在政府干预强和政府干预弱的地区，供应商关系维度社会资本对企业创新绩效的作用均不显著，其主要原因可能是政府干预的存在，企业和供应商对购销行为实行宽松或收缩政策不仅仅依赖于合作伙伴，还受制度环境——政府干预的影响较大，故很难区分其起到的功效。

表 4-8　政府干预与供应链社会资本对创新绩效的影响回归结果

	（1） Innovation 强	（2） Innovation 弱	（3） Innovation 强	（4） Innovation 弱	（5） Innovation 强	（6） Innovation 弱
SSDSC	−0.120	1.155 **				
	（−0.34）	（2.12）				
Sone			−538.496 **	−114.150		
			（−2.46）	（−1.52）		
CCRE					2.391	−53.545
					（0.38）	（−0.56）
Intangible	−39.240	443.839 ***	−1223.142	966.012	−566.481	453.040
	（−0.43）	（2.85）	（−1.35）	（1.06）	（−0.87）	（0.96）
Leverage	−3.437	−73.360	−821.909 *	599.215 ***	−139.062	0.000
	（−0.13）	（−1.57）	（−1.94）	（2.65）	（−0.55）	（0.47）
soe	47.084 **	55.589 *	116.575	−113.300	31.062	−633.583
	（2.50）	（1.96）	（0.87）	（−1.17）	（0.58）	（−0.88）
Q	−1.994	0.315	−45.601 **	1.364 ***	−15.903	−2999.055
	（−1.17）	（1.63）	（−2.19）	（5.12）	（−0.74）	（−0.69）
ROA	377.824 ***	69.257	357.663	748.410	322.283	478.621
	（4.78）	（0.55）	（0.80）	（0.56）	（0.80）	（0.56）
LNasset	−5.177	18.874 *	−18.482	74.242	−35.454	−1.681
	（−0.84）	（1.86）	（−0.64）	（1.51）	（−1.05）	（−1.12）
Larger	0.134	−0.082	−3.845	2.825	0.293	1.900
	（0.32）	（−0.12）	（−0.80）	（0.88）	（0.16）	（1.01）

续表

	（1）Innovation 强	（2）Innovation 弱	（3）Innovation 强	（4）Innovation 弱	（5）Innovation 强	（6）Innovation 弱
AGE	1744.080	4515.512	61072.786*	2743.240		
	(0.53)	(0.86)	(1.84)	(0.25)		
Growth	−0.220	−1.217	−58.691	−3.846		
	(−0.24)	(−0.47)	(−0.53)	(−1.12)		
DFL	0.011	1.582	10.550	33.451		
	(0.22)	(1.35)	(0.43)	(1.26)		
CASH	9.509	4.513	51.034*	−28.895		
	(0.99)	(0.36)	(1.99)	(−0.54)		
Ldisacc					2.358	57.660
					(0.76)	(0.89)
_cons	−1.30e+04	−3.46e+04	−4.63e+05*	−2.22e+04	906.968	5832.482
	(−0.52)	(−0.87)	(−1.84)	(−0.27)	(1.16)	(0.52)
N	7196	3139	7196	3139	7196	3139
R−Square	0.16	0.204	0.230	0.200	0.211	0.270
Adj. R−Square	−0.205	0.10	−0.00	0.10	−0.36	0.14

注：①表格内的数字上面表示估计系数，下面括号内的数字表示 t 值；②***、**、* 分别表示 1%、5%、10%的显著性水平。

（2）法治水平与供应链社会资本对企业创新绩效的影响回归结果。

表 4-9 分别给出了在不同法治水平下，式（4-1）、式（4-2）和式（4-4）的回归结果，由前两列的结果可以看出，供应商结构维度社会资本（SSDSC）的系数在非国有企业中显著为负，说明法治水平在供应商结构维度社会资本中起到的作用不是很大，表明非国有企业与国有企业存在异质性，且非国有企业对该维度社会资本的需求是更强烈的，在没有法律保护下，需要主动与核心供应商建立联系，并能通过有效的沟通使得企业实现创新的知识共享。表中第 3 列和第 4 列主要是考察不同法治水平下，认知维

度供应商社会资本对企业创新绩效的影响是否存在差异性。我们发现认知维度供应商社会资本（Sone）的系数在法治水平高的地方显著为正，在表明同一个省份的供应商在法律水平比较健全的情况下，可以和供应商之间保持良好合作关系，签署的合约都比较稳定，不会随时发生变化或过于压低价格，省内的供应链合作更顺畅，表明在法治健全的地区，认知维度供应商社会资本（Sone）对企业创新绩效产生积极效应。表中第5列和第6列主要考察不同法治水平下，关系维度供应商社会资本（CCRE）与创新绩效的关系。只有第6列中，关系维度供应商社会资本（CCRE）的系数是显著为负的，说明在法治水平低的地区中，关系维度供应商社会资本（CCRE）出现挤出效应，由于对供应商的信任所实施的一系列宽松的政策活动，并不能带给供应商同等信任的回报，而是由于法律体系的不健全，被供应商就地起价，给企业造成不必要的风险。这表明在法治水平低的地区，企业要先保护好自己，要与其他供应商之间平等合作。关系维度供应商社会资本（CCRE）并未与法治水平之间形成很好的替代关系，这值得进一步讨论，以何种方式弥补法律缺失对上市公司的保护。

表4-9　法治水平与供应链社会资本对企业创新绩效的影响回归结果

Variable	(1) Innovation 高	(2) Innovation 低	(3) Innovation 高	(4) Innovation 低	(5) Innovation 高	(6) Innovation 低
SSDSC	-0.250 (-0.69)	1.184** (2.32)				
Sone			522.896*** (3.00)	-101.439 (-1.60)		
CCRE					-361.395 (-1.20)	-18.758** (-2.35)

续表

Variable	(1) Innovation 高	(2) Innovation 低	(3) Innovation 高	(4) Innovation 低	(5) Innovation 高	(6) Innovation 低
Intangible	−88.600	−149.605	−1158.237	1149.125	1322.24	2262.805
	(−0.99)	(−0.95)	(−1.16)	(1.30)	(0.85)	(1.18)
Leverage	−3.916	−49.401	−611.975 **	−283.100	1201.080	1022.830 **
	(−0.14)	(−1.13)	(−2.27)	(−1.47)	(1.22)	(2.27)
soe	46.414 **	57.645 **	−66.421	−91.391	139.000	−148.440
	(2.30)	(2.22)	(−0.49)	(−0.79)	(0.88)	(−0.96)
Q	0.266 **	−0.013	1.224 ***	4.138	52.878	−127.676
	(2.07)	(−0.00)	(3.63)	(0.21)	(1.43)	(−1.53)
ROA	371.041 ***	−61.371	3123.646 *	−69.218		
	(4.33)	(−0.50)	(1.82)	(−0.11)		
LNasset	−0.968	2.965	42.807	51.908	−101.604	280.287 **
	(−0.15)	(0.31)	(1.35)	(0.89)	(−0.58)	(2.53)
Larger	−0.026	0.040	−6.492	2.838	32.250	−13.147
	(−0.06)	(0.06)	(−1.52)	(1.06)	(0.94)	(−1.64)
AGE	124.755	7581.288	53710.740 *	5706.001		
	(0.03)	(1.57)	(1.74)	(0.63)		
Growth	−0.114	−1.119	−27.458	−1.261		
	(−0.13)	(−0.41)	(−0.26)	(−0.40)		
DFL	0.013	1.499	20.566	15.964		
	(0.26)	(1.23)	(0.54)	(0.61)		
CASH	4.402	6.546	167.770 **	30.170		
	(0.46)	(0.51)	(2.09)	(0.46)		
_cons	−914.701	−5.77e+04	−4.09e+05 *	−4.44e+04	1442.752	−5459.019 **
	(−0.03)	(−1.57)	(−1.74)	(−0.65)	(−0.69)	(−2.39)
N	6679	3713	6679	3713	6679	3713
R−Square	0.219	0.172	0.329	0.077	0.800	0.722
Adj. R−Square	0.19	0.26	0.17	−0.05	0.47	0.54

注：①表格内的数字上面表示估计系数，下面括号内的数字表示 t 值；② *** 、 ** 、 * 分别表示 1%、5%、10%的显著性水平。

（3）金融市场化与供应商社会资本对企业创新绩效的影响回归结果。

由表4-10给出了在不同金融市场化水平下式（4-1）、式（4-2）和式（4-4）的回归结果。在前两列中，在不同金融市场化水平中，只有在低市场化的地区，结构维度供应商社会资本（SSDSC）的系数显著为正，这表明市场化与结构维度供应商社会资本（SSDSC）这种非正式制度的关系存在替代关系，当金融市场化不高时，企业依赖于自身信任的供应商，通过和他们的良好沟通来获得更多的技术知识，帮助企业研发新产品，从而提高企业创新绩效。表中第3列和第4列分别反映的是不同金融市场化与认知维度供应商社会资本（Sone）对企业创新绩效的影响。在金融市场化高的地区，认知维度供应商社会资本的系数不显著，这与假设相违背。主要原因在于，同省份的供应商在不同金融市场化水平下，认知维度供应商社会资本起到的作用并没有什么区别。金融化水平的高低主要依赖于经济商圈的大小，企业未能很好利用地理位置优势，说明如果一级供应链都是邻近的供应商，那么企业则很难跳出舒适圈，没有更多的信息可以获取，企业应该促进一级供应链上的供应商与其他省份的优质供应商形成良好的合作关系，才有可能打破壁垒，实现创新。表中第5列和第6列反映的是关系维度社会资本在不同金融市场化水平下对企业创新绩效的影响效应，两列的关系维度社会资本（CCRE）中只有在市场化水平低的地区的系数显著正相关，表明商业信用与市场化能够起到替代作用，当正式制度不健全的时候，需要企业对核心供应商表明态度，表示合作的信任。这也说明了在制度环境差的环境下，企业能够和好的供应商形成合作，是一种优势，能够在一定程度上帮助其发挥创新性。同样对于投资者而言是一个利好信号，所承担的风险降低，从而使得融资成本更低，融资压力一旦缓解，企业便有更好的动机创新，从而在市场环境差的地区更愿意提升创新水平。这从侧面证明了在金融市场化与商业信用中出现替代作用，这时候企业更倾向于和优质供应商合作，以商业信用的方式达到长期合作，形成关系维度供应商社会资本。最后说明在金融市场化低的地区，企业只要充分利用其供应链上的上游企业的社会资本，利用其雄厚的背景或原材料的充足供给来帮助企业渡过难关，就能解决与投资者间的信息不对称问题。

表 4-10　金融市场化与供应商社会资本对企业创新绩效的影响回归结果

Variable	(1) Innovation 高	(2) Innovation 低	(3) Innovation 高	(4) Innovation 低	(5) Innovation 高	(6) Innovation 低
SSDSC	0.838	0.690**				
	(1.44)	(2.02)				
Intangible	−234.606	−174.404*	209.794	532.551	−394.129	248.000
	(−0.99)	(−1.81)	(0.46)	(0.54)	(−0.50)	(0.6)
Leverage	168.843**	−27.946	1085.067	437.009***	−119.334	−4519.730
	(2.50)	(−1.06)	(1.27)	(2.88)	(−0.58)	(−0.72)
soe	1.092	57.756***	−55.194	−23.768	−11.036	−1434.886
	(0.03)	(3.33)	(−0.41)	(−0.26)	(−0.20)	(−0.14)
Q	−17.147**	0.287*	106.696	1.424***	−20.256	−253.156
	(−2.10)	(1.77)	(1.14)	(5.65)	(−0.65)	(−0.79)
ROA	−15.769	79.360	−949.486	1773.359		
	(−0.11)	(1.04)	(−1.09)	(1.33)		
LNasset	−27.170	7.621	−54.747	55.519	−29.158	732.356
	(−1.55)	(1.30)	(−0.81)	(1.59)	(−0.77)	(−0.12)
Larger	1.044	−0.068	0.093	−0.769	−0.583	28.298
	(1.08)	(−0.17)	(0.03)	(−0.27)	(−0.34)	(0.55)
AGE	10132.159	3735.351	−9382.354	29521.661*		
	(1.51)	(1.17)	(−0.25)	(1.93)		
Growth	−7.539	−0.224	−110.380	−3.893		
	(−1.37)	(−0.21)	(−0.29)	(−1.34)		

Variable	（1）Innovation 高	（2）Innovation 低	（3）Innovation 高	（4）Innovation 低	（5）Innovation 高	（6）Innovation 低
DFL	−5. 894 **	0. 010	109. 324	22. 700		
	（−2. 29）	（0. 16）	（0. 96）	（1. 13）		
CASH	6. 897	3. 747	−35. 604	22. 828		
	（0. 30）	（0. 44）	（−0. 56）	（0. 46）		
Sone			−560. 489	−228. 095 **		
			（−1. 09）	（−2. 12）		
CCRE					1. 226	29. 274 **
					（0. 24）	（2. 13）
Ldisacc					1. 860	−115. 567
					（0. 69）	（−0. 23）
_ cons	−7. 66e+04	−2. 85e+04	71825. 307	−2. 25e+05 *	802. 037	−1. 49e+04
	（−1. 50）	（−1. 17）	（0. 25）	（−1. 94）	（0. 90）	（−0. 88）
N	3419	6973	3419	6973	3419	6973
R−Square	0. 315	0. 058	0. 777	0. 158	0. 127	0. 206
Adj. R−Square	0. 09	0. 05	0. 11	0. 08	−0. 57	−0. 49

注：①表格内的数字上面表示估计系数，下面括号内的数字表示 t 值；② *** 、 ** 、 * 分别表示 1%、5%、10%的显著性水平。

第五节　稳健性检验

一方面考虑到所选取变量的内生性问题，选择滞后二阶的变量作为自变量，从而避免了因果导向的问题。另一方面选择用替代变量来检测模型的稳健性，本书将企业创新绩效的衡量指标换作以上市公司当年申请专利总数来衡量。对于被解释变量常用的工具变量为滞后二阶或三阶，甚至两个的组合，三种情况下，以上假设的结果仍然存在，也从侧面印证了供应商社会资本对企业创新绩效具有滞后性。对于解释变量不同维度分别用不同的衡量方式进行逐一回归。

检验结果发现，大部分检验结果并没有发生实质性的改变。

第六节　研究结论与启示

本书首先分析供应商社会资本对企业创新绩效的影响是否存在显著影响。其次在结构维度细化方面，从企业内部价值创造机制的角度出发，经过理论分析，基于三个调节变量进行深入研究，分别是研发投入强度、董事网络和国有股份。同时把三个调节变量与企业创新绩效的关系进行了对比分析。再次专门对认知维度和关系维度分别进行分组（按照产权划分）研究，得出其对企业创新绩效的影响效应。最后我们还从外部社交网络视角分析，通过将制度环境因素引入供应商社会资本的模型中，考察了制度环境因素在供应商结构维度社会资本与企业创新绩效之间起到的作用。本书通过细分不同类型的供应商结构维度社会资本，系统研究了供应商结构维度社会资本对我国 A 股上市公司创新绩效的影响。结果表明，实证结果得到了绝大部分学者的支持。表 4-11 汇总了本章研究的假设检验结果。

表 4-11　假设检验结果

假设	假设内容	结论
H1a	企业与供应商之间结构维度的社会资本对企业创新绩效具有积极影响	支持

假设	假设内容	结论
H1b	企业研发投入强度正向调节企业的结构维度供应商社会资本与企业创新绩效的影响效应	支持
H1c	企业连锁董事网络负向影响企业研发投入强度对结构维度供应商社会资本对企业创新绩效的调节作用	支持
H2a	企业与供应商之间认知维度的社会资本对企业创新绩效具有积极影响	支持
H2b	企业国有股权负向调节企业供应商认知维度社会资本对企业创新绩效的影响效应	支持
H3	企业与上游供应商之间关系维度的社会资本对企业创新绩效具有积极影响	支持
H4a	在市场化发展落后、法治效率低下、政府干预弱的地区，供应商结构维度社会资本对企业创新绩效的影响效应更为显著	支持
H4b	在市场化发展落后、法治效率低下、政府干预弱的地区，供应商认知维度社会资本对企业创新绩效的影响效应更为显著	未支持
H4c	在市场化发展落后、法治效率低下、政府干预弱的地区，供应商关系维度社会资本对企业创新绩效的影响效应更为显著	未支持

主要研究结论如下：

（1）供应商结构维度社会资本、供应商认知维度社会资本和供应商关系维度社会资本这三个角度都可以在一定程度上提升企业的创新绩效。这表明无论是在信息时代，还是在疫情突然到来的特殊时期，供应商作为企业重要外部利益相关者之一，企业和供应商的长期合作，有效合作的动机十分强烈，在民营企业中更甚。企业偏向于自身信任的供应商，这一方面可以有利于避免违约成本的存在，另一方面使得企业在资金上更加充裕，能够通过商业信用把企业发展好，做相应的研发工作，这些支持离不开上游供应商愿意分享的技术资源与信息。对于在供应链中拥有一定话语权的供应商，也是企业依赖的对象。因此，拥有紧密集中供应链关系的企业更易获得供应链上为创新新产品所需的关键资源，利用方式更便捷，交易成本更低，能在一定程度上缓解双方的信息不对称，自身的风险水平也得到降低，最终提升了企业的创新绩效。

（2）本书从社会网络理论的角度考察了企业供应商结构维度社会资本对企业创新绩效的内在机理，企业研发投入强度、董事网络、国有股权和产权性质这四方面与主要供应商合作过程的调节作用，填补了相关研究的空白。学者们大都是孤立思考供应商社会资本的单独效应，并未考虑到董事网络带来的社会资本与供应链社会资本之间的关系以及联合效应。在供应商结构维度社会资本提升企业创新绩效影响机制方面：第一，企业研发投入强度能给供应商传递一种有利的信号，传递自己想要积极创新的动力，也在一定层面证明自己的实力层次，供应商得到这种信号后会选择和企业形成合作关系，合作一旦达成，在双方相互信任下，合作关系会得到巩固。因此，研发投入强度不仅自身能够通过创造价值机制使得企业提升创新绩效水平，还会扩大供应链集中度对企业创新绩效的影响效应，因为通过双方紧密的合作，再加上大量研发投入，研发成功的概率会基于沟通的舒畅程度以及信息获取的及时性大大提高，相应地也就提升了供应商集中度的创新绩效效应。第二，企业董事网络，企业由于董事所处位置享受所带来的丰富资源，这势必会产生减少企业其他成本去维护供应商关系的动机，动机一旦减弱，双方交流紧密性将大打折扣。企业会因为自身有连锁董事网络的丰富资源，而不愿意与供应商进行分享，使得双方在共享信息方面不能长久合作，也就体现在低成本代价的董事网络替代了对供应商集中度的倾向。第三，国有股权的存在使得本身具有独特资源的高比例国有股的公司，不再仅仅依赖于供应商，而是自己可掌握更多的主动权，对供应商社会资本的需求度也在锐减，所以国有股权在一定程度上削弱了供应商集中度的创新绩效影响效应。第四，产权性质，由于实际控制人的不同，导致国有企业与民营企业在禀赋上的差异。民营企业在生存中更多靠自己，没有了所谓的庇护，本身资源匮乏的企业更加迫切需求获得有用的信息，以助于制造符合当下环境的产品，使企业在市场上占有一席之地。

（3）不同制度环境下，供应商社会资本对企业创新绩效的影响效应有所差异，研究发现当政府干预弱时，民营企业增强企业创新绩效的影响会扩大，这说明政府干预会降低供应链社会资本对企业创新绩效的影响效果，故应尽可能减少政府不必要的无效干预。进一步研究发现，在法治效率低下的环境，公司结构维度供应商社会资本对企业创新绩效的影响程度会加深，这说明公司结构维度供应商社会资本与法治存在一定的替代关系，当法治缺失时，企业若想提升自我创新水平，更需要与供应商保持紧密的联系。而在金融市场化水平低的地区，结构维度社会资本和关系维度社会资本对企业创新绩效的影响程度却会提高，这说明金融市场化水平与这两个维度的社会资本之间存在替代关系，也体现出供应商社会资本的重要性。这些结果表明，在制度缺失的环境下，非正式制度的供应链社会资本在一定程度上与这些正式的制度存在替代性。

以上研究结论给予我们的启示是：在我国市场化的制度不健全的情况下，无论企业利用何种类型的供应商社会资本为企业获取核心技术资源，都是在帮助企业获得无法替代的竞争优势，缓解企业自我封闭的研发压力，这种基于关系的契约在一定程度上有助于促进 A 股上市公司的发展。虽然在制度不健全的条件下，研发投入强度对供应商社会资本的创新绩效起到积极促进作用，但是董事网络的存在会削弱这种效应，最终要达到积极促进企业可持续创新发展的目的，需要企业平衡好这两种投资，选择资源禀赋高的董事以及有针对性地加大研发投入，提升研发人员比例。但是，公司依赖的这种非正式制度的关系，并不是没有成本的，当付出成本增加甚至远大于所得收益时，就会影响整个社会的资源配置，造成一定的资源浪费。因此，要完善解决企业创新绩效的问题，需要考虑投入产出比，综合考虑多种因素，需要完善信用机制，促进金融市场发展，使得 A 股上市公司得到更多的保护，为其建立更加市场化的制度环境。

第五章　客户社会资本对企业创新绩效的影响机制

第一节　引言

随着数字经济的到来，人们的选择也越来越多样化。越来越多的企业意识到核心的利益相关者除了上游的供应商之外，还应包括企业下游的客户。只有企业生产出客户满意的产品，此研发才是有效的，才会给企业带来额外的价值，以进一步提升创新绩效。因此，供应链的重要性在企业中分量愈加重大。供应链上的合作伙伴都想要在市场上立足，必须有一定的客户群体，以客户为中心的目标来发展企业，如华为公司，永远以顾客的需求研发新产品，这也是其成为行业龙头的一个因素，也就是说，华为手机成为我国最受欢迎和青睐的产品之一，离不开他们对于客户需求的重视度。一个新产品的产生，仅靠企业的研发是很难得到良好的反响。企业若想获得稳定的客源，首选优质的大客户来进行维持，一方面可以减少和小客户打交道的繁琐和零碎，另一方面可以避免产生较高的时间成本和较差的信息沟通有效性。反之，大客户的优势凸显，既能帮助企业持续获得收入来源，又能和企业形成良好的合作关系。客户端越稳定越集中，自然和企业合作更融洽，交易成本更低，但客户的集中也是一把双刃剑，需要主要客户集中带来的议价能力，客户会因为他的不可替代，降低企业的售价，剥夺企业的利润，阻碍企业持续创新发展。客户的这种行为显然会使得企业没有更多精力去创新研发新产品，一方面需要维护大客户，避免流失，花费过多的成本；另一方面寻找和大客户同样优质的企业并非易事。变换客户的成本较大，若想与客户之间转换地位，则需要企业提升自身业务能力，使得自身拥有议价的权利。

因此，本书认为深入探讨如何平衡企业与客户之间的亲密度，什么范畴内效果较好？如何充分利用这种社会资本为企业所用，提升企业的创新绩效十分重要。虽然有很多学者在研究创新绩效的影响因素，也分析了客户集中度，但是鲜有学者把客户集中度放到一个完整的供应链社会资本这个维度的量化指标体系来深入研究，并结合客户社会资本所需考虑的微观调节因素的作用。

综上所述，本书主要解决以下三个问题：①企业的客户社会资本不同维度对企业创新绩效的影响效应及区别；②企业销售费用（包含广告和宣传费用）如何影响企业的客户社会资本对企业创新绩效的作用；③企业表现出的盈余质量如何在企业客户社会资本与企业创新绩效之间关系的调节作用中发挥作用。

第二节 理论分析和研究假设

一、客户结构维度社会资本与企业创新绩效

1. 客户结构维度社会资本对企业创新绩效的影响

我们身处发展中国家，化工能源等产业的产能过剩是我国当下面临的严峻形势。首先，在产能供大于求的市场中，企业要想突破瓶颈存活下来，必须要有稳定的资金和收入来源，企业的血脉不能断，也就能够渡过危机。这离不开长期稳定合作的客户资源，他们既能帮助企业抵挡风险，又会成为企业独特的优势。其次，产品的过剩，导致过剩产品没有销路，大客户拥有独特的优势，具备的议价能力更强，企业想实现可持续增长的梦想化为灰烬。虽然国内外不少学者已经将客户集中度与创新绩效之间相联系进行研究，但并未考虑隐含的微观因素。故此，基于现有的研究结论，尚未达成一致，客户集中度对创新绩效有正面的积极促进作用，也有价值掠夺的机制。因此，我们提出客户集中度对企业创新绩效的影响并非简单的线性关系，而是会随着客户集中度的提高而出现折点。

基于上述分析，本书提出以下假说：

H1a：企业与客户之间结构维度的社会资本对创新绩效具有倒"U"形的作用。

2. 销售费用的调节作用

顾客要想在市场上寻找合适的产品，离不开企业的宣传作用。当客户

和企业之间的联系并不是那么紧密的时候，需要企业付出更多的成本（销售费用）来宣传自己，给客户更多的利好信号，使得与客户进一步加强这种联系，故表现为双方类型更紧密，合作更顺畅，共享信息及时有效，从而销售费用促进了社会资本对企业绩效的提升。

但当客户与企业之间的联系越来越频繁，客户集中度也会越来越高，客户的议价能力逐步体现出来，这会进一步压缩企业的利润，企业若再加强投资广告和宣传活动，起到的作用微乎其微，企业很难形成良好的发展。故客户集中度超过一定水平时，销售费用会扩大客户社会资本这种负向影响。

基于此，提出以下研究假设：

H1b：企业销售费用正向加强企业客户结构维度社会资本与企业创新绩效的倒"U"形关系。

3. 盈余信息质量的调节作用

现实中企业为了吸引更多的客户群体，往往会选择包装自己，披露更多的信息给信息使用者，尤其是潜在客户，使得企业在市场上具有一定的先决优势。这表明企业有动机去盈余管理，获得更多客户的关注和青睐。当客户集中度比较低的时候，我们相信企业有强烈动机去提供有利于自身的信号，如盈余信息，当客户接收到这种信号时，势必会选择与之合作。盈余信息质量越高，企业的融资约束也就越小，但当客户集中度达到一定程度时，企业进行盈余管理的动机在削减。高质量的盈余信息，通过扩大融资渠道，来丰富债务期限结构，不仅缓解了融资约束，而且也促进了企业有更多资金进行研发，从而促进企业创新。

基于上述分析，本书提出以下假说：

H1c：企业盈余质量信息正向加强企业客户结构维度社会资本与企业创

新绩效的倒"U"形关系。

二、客户认知维度社会资本与企业创新绩效

1. 客户认知维度社会资本对企业创新绩效的影响

与主要大客户形成共同价值观，势必会促进两者之间的联系，交流起来更畅通，交易成本较低。企业倾向于与客户继续保持长期合作，随着合作的增加，同省客户的联系自然更加通畅无阻。本书对认知维度的度量是通过企业与客户的地理位置是否在同一省份来确定的。由于企业与客户均处于同一省份，企业面临的大环境类似，故产生的价值观更容易达成一致。根据客户信息优势假说，地理距离邻近的优势，可以为企业降低公司与客户之间的交流成本，也更容易获得需求端的要求，设计出的产品也更能让客户满意，从而使企业获得的信息更及时快捷，也更能生产出适应环境的新产品，进而提升企业的创新绩效。另外，同省的供应链合作伙伴容易形成固化模式，未能及时吸收供应链外的关键信息。若本身客户是高质量客户，自然整个供应链良性发展，否则容易思维固化，很难与其他省份的客户有更多合作交流的机会。市场需要流动的信息发挥作用，企业吸收为创新能力才会更有效。

基于上述分析，本书提出以下假说：

H2a：企业与客户之间认知维度的社会资本对创新绩效具有积极影响。

2. 产权异质性

基于中国特色社会主义背景下，关系的存在应用于供应链中，同时也起着举足轻重的作用。同省供应链上的国有企业具有独特的天然优势，享受政府的支持与保护，在当地有一定的知名度，故它的客户群比较多，且

需要挑选适合自身的大客户，以给企业降低交易成本。国有企业却在一定程度上反映了政府对企业的影响作用，体现了政府对企业的控制力。同一省份供应链上的相关企业对于政府的支持与依赖有同等迫切需求。

国有企业应该是我国全体公民的，但却由于其概念的整体抽象性而无法落实到具体的自然人身上，缺乏有效的监督。这导致公司缺失国有股部分的有效持股主体，国有股份这部分的出资权利只能通过政府代为行使，这就形成了其与政府密不可分的内在联系。监督者往往缺乏国有资产投资所形成的股份，这部分股份在一定程度上代表国家投资部门对公司的支持态度。

对于国有企业来说，其具有天然优先选择客户的权利，即便是企业的大客户也会有所顾虑企业所在的地位，在供应链中，大客户并不具备议价能力。国企也没有动力去花更多的成本来额外吸引新客户，过多低质量的客户会给企业带来不必要的麻烦，增加交易成本，却很难使有用信息共享，带给企业最新客户端的高需求信息，企业也很难再通过这一路径创新。

国有股权较高的公司偏向于国有性质，相对会享受到政府带来的更多优惠政策、融资便利、更低的融资成本等好处。对同一省份的客户而言，在国有股权更高的公司中，企业对其的青睐程度大大提升，稳定的优质大客户是持续创新的动力所在。由此可见，国有股权的存在使得其享有政府所带来声誉担保作用。一方面，公司可享有国有股权带来的产权保护、资金获取能力以及多元化投资等便利。特别是当公司出现经营困难时，国有股权的代理人若能很好了解公司的发展前景和理解所处的困境，则会利用政治权力保护国有资产而减少公司的经济损失，甚至可能会为了企业正常经营而采用行政手段。与此同时，依赖于国有股权的庇护，可能会弱化从客户方面获取信息的需求。另一方面，政府作为公司的投资者，更倾向于稳妥且成熟的产品设计，与客户之间的交流程序过于冗长，并不是那么在意客户的满意度，因为随意变化研究方案的成本代价太大。对于重要信息的获取显得不那么及时有效，从而借助于客户社会资本来提升企业创新的动力锐减。因此，国有股权会弱化地理位置邻近企业对客户社会资本的迫切需要，反而对当地政府的庇护形成依赖。

基于上述分析，本书提出以下假说：

H2b：企业国有属性负向调节企业客户结构维度社会资本对企业创新绩效的影响效应。

三、客户关系维度社会资本与企业创新绩效

组织与组织之间的相互信任，会给企业双方带来更长久的合作。基于交易成本最小化和交易效率最大化，企业偏向于与几个关键大客户合作。当企业的大客户还不是那么信任企业，需要企业释放出友好的合作意向。伸出合作意向明确的信息——赊销，制定宽松的还款政策。在大环境不是很稳定的情况下，对于企业的这种信任，会给客户减轻还款压力，愿意再次合作的欲望被激发出来，这就形成了双方长期稳定的合作。

与大客户签订公平的契约，大家相互遵守，逐步建立合同之上的信任感。

一方面，企业对客户的信任降低了客户由于短时间经营周转不良导致购买欲望下降的压力，增加了客户选择企业作为合作伙伴的意愿，创新的提出同样也需要一个低压力的良好氛围，从而信任就成为组织与组织间良好互动的核心要素（Ford，2000；Dirks，2000）。另一方面，合作伙伴之间缺乏一定的信任度，新产品的研发很难实现，困难重重、效率低下等问题

便会接踵而至。只要大家相互信任对方，有效地降低冲突的发生，增进知识共享，通过提高合作效率达到新产品创新绩效（Inkpen，2005；Hogan，1994）。组织之间的信任自发引起企业与客户之间共享前沿信息与技术，客户基于被信任，会更愿意分享其真实想法，把高质量需求端的数据共享给企业，以助于企业获取吸收这些知识和技术，企业才能将有用的信息内化为能力，使企业创造价值，实现创新绩效的目标（方世荣，2004；Dhanaraj，2004；徐和平，2004）。然而关系维度社会资本更多体现的是企业对客户的信任，允许客户采用赊销购买，这在一定程度上向大客户放开了应收账款信用政策。

除此之外，基于资源依赖理论，客户与企业的密切联系还能进一步帮助企业获得所在网络结构中的潜在隐形资源，如当企业突然经营不善时，面临着严峻的经营风险和生存危机，这个时候信任就发挥了供应链的作用力，能够让企业走出困境，客户积极还款缓解企业现金流断裂和资金周转的压力。反之，若企业与客户关联过于紧密，导致关键核心客户有议价能力，随时变化订单，而取消订单会给企业带来灾难性的危害，这两种情况，谁占主要作用，目前已有文献未达成一致，待本书检验之。

基于上述分析，本书提出以下假说：

H3a：企业与下游客户之间关系维度的社会资本对企业创新绩效具有积极影响。

H3b：企业经营风险负向调节客户关系维度社会资本对企业创新绩效的影响效应。

四、制度环境动态性的调节效应研究

如前所述，结构维度、认知维度和关系维度属于不同性质的社会资

本，建立动机不一致可能会导致受环境因素的影响有差异。比如，在金融市场化低以及金融行业竞争程度低的地区，企业对客户社会资本的依赖程度会提高。在转轨经济社会中，客户社会资本作为正式制度的替代，可提高企业抵御财务风险的能力，提高企业受法律保护的程度和信任度，但对企业利用客户社会资本这一渠道提高企业创新绩效的作用可能存在替代关系也可能存在促进关系。一方面，企业在金融市场化高的市场上获取的信息可靠度较高，不需要借助其他渠道共享前沿信息，此时客户社会资本所发挥的作用微乎其微；另一方面，正是由于环境金融行业竞争的良好氛围，促进了客户社会资本的信息传播，使得对创新绩效的作用更大。由此可见，客户社会资本三个维度在不同制度背景下，对于企业创新绩效的影响究竟是一种积极作用，还是一种消极因素，需要进一步检验。

基于以上分析，我们提出以下假设：

H4a：在市场化发展落后、法治效率低下、政府干预弱的地区，客户结构维度社会资本对企业创新绩效的影响效应更为显著。

H4b：在市场化发展落后、法治效率低下、政府干预弱的地区，客户认知维度社会资本对企业创新绩效的影响效应更为显著。

H4c：在市场化发展落后、法治效率低下、政府干预弱的地区，客户关系维度社会资本对企业创新绩效的影响效应更为显著。

综合上述分析，本章的逻辑思路及实证过程如图5-1所示。

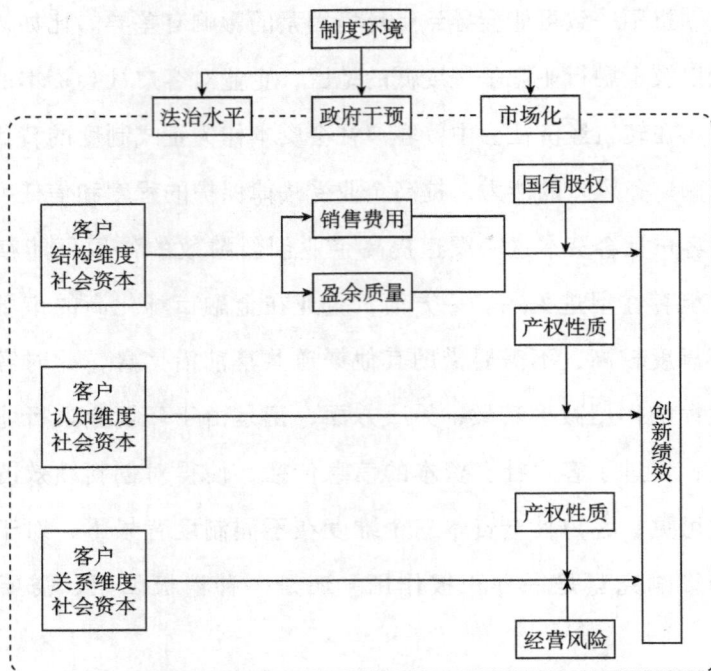

图 5-1　本章研究思路

第三节　研究设计

根据前文的分析，本章所需研究变量的定义的具体名称和定义如表 5-1所示。

表 5-1 主要变量定义

变量类型	变量符号		变量定义
被解释变量	Innovation		创新绩效：外观设计、实用新型和发明专利在内的专利授权数量之和①
考察变量	客户结构维度社会资本	CUS	客户集中度：前五大客户销售额占年度总销售额比率
		CUS2	客户集中度赫芬达尔指数：前五大客户销售额占总销售额比率平方之和
	客户认知维度社会资本	Cone	一级供应链业务关系：上市公司 A 直接对接的客户与企业是否同一个省份，若是赋值1，否则赋值0
		Ctwo	二级供应链业务关系：上市公司 A 的一级供应链直接对接的客户是否同一个省份，若是赋值1，否则赋值0
	客户关系维度社会资本	LAr	商业信用：企业从下游客户处获取的商业信用，用"（应收票据+应收账款）/营业成本"来衡量
	调节变量	SaleC	销售费用：包含广告费和宣传费
		Ldisacc	盈余质量：根据 Jones 模型中计算总应计方法
		Own	国有股份：国有股占总股数的比例
		Ldol	经营风险：经营杠杆
控制变量	Growth		成长性：比上一年营业收入的增长率
	Rd		研发投入占营业收入比例
	LNasset		总资产：总资产的自然对数
	Independent		独立董事占比：独立董事在董事会中的比例
	Larger		股权结构：第一大股东的持股比例
	ROA		资产收益率：营业利润/总资产
	Leverage		资产负债率：负债总额/总资产
	Intangible		无形资产比重：无形资产总额/总资产
	AGE		企业成立的年份：加1再取对数
	DFL		财务风险：财务杠杆

---

① 本书在稳健性检验部用专利授权存量、专利被引数据以及专利授权之和缩尾处理作为替代进行检验。该衡量方式参考黄远等（2021）衡量创新绩效的评判方法。

变量类型	变量符号	变量定义
控制变量	CASH	营业收入现金净含量：经营活动产生的现金流量净额/营业总收入
	soe	产权性质：国有企业取1，非国有企业取0
	Year	年度
	Industry	行业
制度环境	MarketizationD	金融市场化：当企业所在省份该指数低于样本中位数时为1，否则定义为0
	LawD	法治水平：当企业所在省份该指数低于样本中位数时，我们就将法治水平虚拟变量（LawD）定义为1，否则定义为0
	GovernmentD	政府干预程度：当企业所在省份该指数低于样本中位数时，取1，否则取0

根据上文分析，我们设计了包含非正式制度因素的四个回归模型来分别验证上述的四个方面的研究假设。

1. 客户结构维度社会资本对企业创新绩效的影响效应

（1）为了检验假设 H1a，设定式（5-1）：

$$\text{Innovation}_{it} = \alpha_{i,t} + \beta_1 \text{SocialI}_{i,t-1} + \beta_2 \text{SocialI}\hat{}2_{i,t-1} + \sum \text{Controls}_{i,t-1} +$$

$$\sum \text{Year} + \sum \text{Industry} + \varepsilon_{i,t} \qquad (5-1)$$

其中，SocialI 取 CUS、CUS2；Controls 取 Intangible Leverage、soe、Q、ROA、LNasset、Larger、AGE、Growth、DFL、CASH。

（2）为了验证 A 股上市企业客户供应链社会资本对企业创新绩效产生的影响效应，设定式（5-2）：

$$\text{Innovation}_{it} = \alpha_{i,t} + \beta_1 \text{SocialI}_{i,t-1} + \beta_2 \text{SocialI}\hat{}2_{i,t-1} + \sum \text{Adjusts}_{i,t-1} +$$

$$\sum \text{Adjusts}_{i,t-1} \times \text{SocialI}_{i,t-1} + \sum \text{Control}_{i,t-1} + \sum \text{Year} +$$

$$\sum \text{Industry} + \varepsilon_{i,t} \tag{5-2}$$

其中，SocialI 取 CUS、CUS2；Adjusts 取 SaleC、Ldisacc、own；Control 取 Intangible Leverage、soe、Q、ROA、LNasset、Larger、AGE、Growth、DFL、CASH；$\sum \text{Adjusts}_{i,t-1} \times \text{SocialI}_{i,t-1}$ 为解释变量和调节变量的交互项。

式（5-2）是客户结构维度社会资本对企业创新绩效的影响效应模型，模型中的被解释变量是 Innovation，该数据借鉴黄元等（2021）的方法计算所得（即创新绩效：外观设计、实用新型和发明专利在内的专利授权数量之和），该数值越大表明企业申请专利的授权数越多，创新绩效越高；关键考察的变量是客户社会资本（SocialT），主要由三个层面的社会资本组成：结构维度社会资本（CUS）、认知维度社会资本（Cone）、关系维度社会资本（Ar）。根据已有文献的研究可知，研发投入强度（Rd）是企业重视研发投入的体现，其值越大说明企业愿意创新的意愿更强烈，创造出新产品愿意付出的成本更大，因此模型中引入调节变量研发投入强度。公司成长性（Growth）等于上一年营业收入的增长率。资产收益率（Roa）代表企业盈利能力，若该值越大说明企业盈利能力较强，则与客户之间的合作会更融洽，客户也倾向于合作盈利性强的企业；而且盈利能力强的公司具有较低的破产风险，债务融资成本较低；资产负债率（Leverage）能够说明企业现阶段债务水平，资产负债率越高，企业的债务融资成本越高；资产规模越大，无形资产比例、第一大股东持有股份低股权结构的表现，成长性、公司年限等公司治理特征和财务特征是影响企业创新的重要因素；最终我们选择的控制变量分别为：托宾 q（Q）、企业年限（AGE）、公司规模

（LNasset）、资产收益率（ROA）、资产负债率（Leverage）、成长性（Growth）、财务杠杆（DFL）、营业收入现金净含量（CASH）、无形资产比重（Intangible）、国有股（C2），最后我们还控制了行业（Industry）和年度（Year）因素。

2. 客户认知维度社会资本对企业创新绩效的影响效应

（1）为了验证客户认知维度社会资本对企业创新绩效产生的影响效应，即验证假设 H2a、假设 H2b，设定式（5-3）：

$$Innovation_{it} = \alpha_{i,t} + \beta_1 SocialI_{i,t-1} + \beta_2 SocialI^2_{i,t-1} + \sum Control_{i,t-1} +$$

$$\sum Year + \sum Industry + \varepsilon_{i,t} \qquad (5-3)$$

其中，SocialI 取 Sone、Stwo；Control 取 Intangible Leverage、soe、Q、ROA、LNasset、Larger、AGE、Growth、DFL、CASH。

（2）为了验证基于不同产权下 A 股上市企业客户认知维度社会资本对企业创新绩效是否产生差异性的影响效应，即验证假设 H2b，分为国有企业与非国有企业两组，分组深入分析与讨论。

3. 客户关系维度社会资本对企业创新绩效的影响效应

为了验证客户关系维度社会资本在不同企业性质下对企业创新绩效产生的影响效应，即验证假设 H3a 和假设 H3b，设定式（5-4）：

$$Innovation_{it} = \alpha_{i,t} + \beta_1 LAr_{i,t-1} + \sum Control_{i,t-1} + \sum Year + \sum Industry + \varepsilon_{i,t}$$

$$(5-4)$$

其中，Control 取 Rd、Intangible、Leverage、soe、Q、ROA、LNasset、Larger、AGE、Growth、DFL、CASH。

4. 制度环境差异与客户社会资本对企业创新绩效的影响效应

为了验证不同制度环境下不同维度客户社会资本对企业创新绩效的差

异性，本书在实证回归模型以制度环境分组变量，考察不同组的回归结果。进一步可以在实证回归模型中引入制度环境与供应链社会资本的交乘项，并同时控制企业层面的特征对企业创新绩效的影响。如式（5-5）所示：

$$Innovation_{it} = \alpha_{i,t} + \beta_1 SocalI_{i,t-1} + \beta_3 SocialI \times X_{i,t-1} + \sum Control_{i,t-1} +$$

$$\sum Year + \sum Industry + \varepsilon_{i,t} \qquad (5-5)$$

其中，分别分组回归，分组的变量为 MarketizationD、GovernmentD、LawD。SocialI 指 CUS、CUS2、Sone、Stwo、LAr，而制度环境变量本书在这里主要考察三类，分别是政府干预、金融市场化、法律，本模型的控制变量与第一个基础模型一致。制度环境变量的定义与解释见前文的主要变量定义表。本书的制度特征我们根据樊纲等（2016）编制的我国各地区的市场化指数体系中的相关指标进一步估算来度量出各地区的制度特征，包括政府干预程度、金融市场化、法治环境等可能对公司的创新绩效的产生过程产生影响外，企业的产权性质、公司规模、成长性等也是重要因素，具体说明如下：由于我国国企和民营企业在大环境下具有较多不同，绝大多数的民营企业对客户社会资本的依赖程度与国企不同，故这里用国有股份来考察企业的国有性质，即采用十大股东所含国有股份的比例来衡量变量 Own。稳健性分析时，可采用哑变量来区分，如果公司的国有股份超过平均值，则 C2 = 1，否则 C2 = 0。C2 是国有股份的虚拟变量。

第四节　实证分析

一、描述性统计

如表 5-2 所示，对于被解释变量的描述性统计主要表现为：从统计结果可以看出，Innovation（创新绩效）均值为 130.2，最小值为 3，最大值为 2265，不同企业创新水平存在较大差异，不同行业间也相差甚远。

表 5-2　主要变量的描述性统计

Variable	Obs	mean	sd	min	p50	max
Innovation	10392	130.2	306.8	3	39	2265
CUS	10392	30.28	21.28	1.280	24.59	96.28
Lar	10392	0.730	6.990	−16.40	0.220	348.6
Cone	10392	0.290	0.460	0	0	1
Ctwo	10392	0.140	0.350	0	0	1
Rd	10392	4.690	5.220	0	3.570	76.35
Ldisacc	10392	0.0900	24.89	−285.8	1.790	622.4
Intangible	10392	0.0500	0.0500	0	0.0400	0.830
Leverage	10392	0.420	0.250	0.0100	0.400	8.610
soe	10392	0.290	0.450	0	0	1
Q	10392	3	16.22	0.750	1.930	729.6
ROA	10392	0.0300	0.170	−6.780	0.0300	8.440
LNasset	10392	21.99	1.210	14.94	21.86	29.19
Larger	10392	33.58	14.68	3.620	31.73	89.41
AGE	10392	7.600	0	7.580	7.600	7.610

续表

Variable	Obs	mean	sd	min	p50	max
Growth	10392	6.130	822.8	−1	0.110	130000
CASH	10392	−0.100	13.30	−1757	0.0800	49.74
Ldol	10392	2.380	77.53	0.930	1.330	9607
dfl	10392	1.690	19.77	−81.34	1.080	2403
MarketizationD	31	12.88	1.452	5.340	12.92	16.43
GovernmentD	31	9.782	1.864	−1.870	9.603	13.93
LawD	31	7.255	2.224	−30.35	7.130	11.93

对于考察变量的描述性统计主要表现为：①CUS（客户集中度）均值为30.28，最小值为1.280，最大值为96.28，样本中不同公司客户集中度差异较大；②Lar（关系维度社会资本）均值为0.730，说明企业大部分对客户采用了宽松的应收账款政策；③Rd（研发投入强度）均值为4.69，整体来说公司研发投入力度较小。

对于控制变量的描述性统计主要表现为：①Ldisacc（盈余质量）的均值为0.09，最大值和最小值分别为622.4和−285.8，表明样本盈余质量上存在显著差异；②Growth（成长性）的均值为6.13，最大值为130000，最小值为−1，可见样本公司成长性差异较大；③LNasset（总资产）均值为21.99，标准差为1.210，说明样本企业资产水平差异不大；④Larger（股权结构）的均值为33.58，最大值为89.41，且中位数为31.73，基本服从正态分布；⑤ROA（资产收益率）的均值为0.03，中位数为0.03，说明样本企业总体上资产收益率差异较小且偏低；⑥Leverage（资产负债率）均值为0.420，一般认为资产负债率在（23%，45%）为合理区间，说明样本资本结构较合理；⑦Intangible（无形资产比重）的均值为0.05，最大值为0.83，由此可见样本公司偿还贷款的能力较差；⑧AGE（企业成立的年份）的均值为 7.60，中位数也为 7.60，说明企业成立年份差异较小；

对于制度环境的描述性统计主要变现为：①MarketizationD（金融市场化）的均值为 12.88，说明金融市场化程度较高；②LawD（法治水平）均值为 7.255，说明各项法律制度较完善，法治水平较高；③GovernmentD（政府干预程度）的均值为 9.78 偏大，说明政府干预经济程度总体上较弱。

二、回归分析

1. 客户结构维度社会资本对企业创新绩效的影响效应

表 5-3 表述了假设 H1a、假设 H1b、假设 H1c 的回归结果，即反映客户结构维度社会资本以及不同层面调节变量与客户结构维度社会资本的交互关系，从而影响企业创新绩效的影响效应回归模型的实证结果。其中，第 1 列反映的是客户结构维度社会资本对企业创新绩效的 OLS 回归结果，其解释变量客户结构维度社会资本（CUS）的系数为 1.09，且在 5% 的水平下显著，这一结果与预期一样，验证了假设 H1a 的前半部分，说明客户结构维度社会资本的确能够增加企业创新绩效的功效，而客户结构维度社会资本的平方（CUS^2）的系数显著为负，表明客户结构维度社会资本对企业创新绩效的影响并非线性的而是倒"U"形，两个系数进一步验证了假设 H1a；为了进一步分析客户结构维度社会资本中对创新绩效的作用是如何产生的，表中第 2~4 列分别反映的是调节变量销售收入（SaleC）、盈余质量（Ldisacc）以及根据企业性质分为国有和民营，在客户结构维度社会资本对企业创新绩效影响的作用效果的 OLS 回归结果。从回归结果可以看出，除了研发投入强度（Rd）不显著外，销售收入（SaleC）、盈余质量（Ldisacc）以及国有股份（Own）这三个调节变量的交乘项的系数为负，其分

别的单个系数显著为正，这表明当客户和企业联系过于密切时，客户的议价能力较强，可以随时调整订单信息及还款方式，会让企业措手不及，这势必会影响企业的创新发展。具体来说，盈余质量是一种信号，是表明企业自身财务健康的表现，但是披露盈余质量也是需要花费成本的，若企业已经与客户建立了良好的合作基础，再增加规模效应是不必要的。盈余质量（Ldisacc）与结构维度客户社会资本平方的系数显著为负，折旧验证了假设 H1c，盈余质量能够在一定程度提高其创新绩效，但一旦盈余质量过高，应计盈余中的现金流得不到保障，企业研发的压力较大，创新也变得难以突破。销售费用的增加表明企业愿意用更多的广告费和宣传费去吸引顾客，对于研发投入强度而言，企业增加研发的投入，会给客户释放积极向上的信号，与之合作更能有效达成默契。客户结构维度社会资本能够通过研发投入强度的增加，产生有利于企业创新的成效，新成品开发成功的可能性更强。与此同时，研发投入强度会使得客户结构维度社会资本的影响效应起到增强作用。对于国有股权的作用，离不开中国的国情，国有股权的存在使得企业更偏向于稳定地发展壮大，而不选择激进的决策，不轻易开发新产品，控制成本费用的支出。这是由于国有股权相较于民营企业而言，需要维护的关系较多，自然而然花费大量额外的成本，延缓了企业的创新速度。

表 5-3　客户结构维度社会资本对企业创新绩效的影响回归结果

Variable	(1) Innovation 全样本	(2) Innovation 全样本	(3) Innovation 全样本	(4) Innovation 国企	(5) Innovation 非国企
CUS	1.090**	1.299*	1.123*	0.012	2.404***
	(1.96)	(1.74)	(1.81)	(0.01)	(3.11)

Variable	(1) Innovation 全样本	(2) Innovation 全样本	(3) Innovation 全样本	(4) Innovation 国企	(5) Innovation 非国企
CUS2	−0.014* (−1.71)	−0.016* (−1.86)	−0.014 (−1.64)	−0.003 (−0.13)	−0.027*** (−2.97)
Rd	0.116 (0.11)	0.138 (0.13)	0.127 (0.12)	3.473 (1.00)	−0.151 (−0.15)
Ldisacc	0.191 (1.61)	0.101 (0.82)	0.148 (0.43)	0.533 (0.78)	−0.051 (−0.13)
SaleC		0.000*** (2.63)			
cussale		−0.000** (−2.38)			
discussale			0.000*** (2.91)		
cusdisacc			−0.003 (−0.16)	−0.024 (−0.51)	0.005 (0.20)
cusdisacc2			0.000* (1.71)	0.000 (0.58)	0.000 (0.05)
Intangible	187.536** (2.02)	178.178* (1.92)	185.220** (2.00)	−28.435 (−0.11)	26.060 (0.27)
Leverage	−11.869 (−0.45)	−17.217 (−0.64)	−11.984 (−0.46)	−158.183* (−1.94)	33.039 (1.31)
soe	43.671** (2.37)	42.702** (2.33)	43.098** (2.34)	−6.48e+04 (−0.93)	−3.05e+04 (−0.61)
Q	−0.786 (−0.52)	−1.276 (−0.85)	−0.789 (−0.53)	−1.206 (−0.42)	−3.266* (−1.73)
ROA	60.080 (0.76)	29.110 (0.37)			
LNasset	8.359 (1.31)	4.290 (0.66)	8.202 (1.28)	16.636 (0.97)	2.251 (0.35)

续表

Variable	（1） Innovation 全样本	（2） Innovation 全样本	（3） Innovation 全样本	（4） Innovation 国企	（5） Innovation 非国企
Larger	0.022	0.021	0.045	1.369	−0.429
	(0.05)	(0.05)	(0.11)	(0.99)	(−1.13)
AGE	2051.641	2243.452	2056.056	8474.570	−1146.290
	(0.62)	(0.68)	(0.62)	(0.93)	(−0.37)
Growth	−0.349	−0.729	−0.242	−0.051	−0.393
	(−0.34)	(−0.70)	(−0.23)	(−0.01)	(−0.42)
CASH	7.400	9.111			
	(0.91)	(1.10)			
Ldol	6.297***	6.409***	6.137***	−4.010	6.651***
	(4.17)	(4.23)	(4.11)	(−0.54)	(4.88)
Year/industry	控制	控制	控制	控制	控制
N	10392	10392	10392	2196	8196
R−Square	0.27	0.209	0.17	0.15	0.204
Adj. R−Square	0.108	0.16	0.205	0.19	0.17

注：①表格内的数字上面表示估计系数，下面括号内的数字表示 t 值；② ***、**、* 分别表示 1%、5%、10% 的显著性水平。

在国有企业和非国有企业中，结构维度社会资本（CUS）的系数显著为正，说明在非国有企业中由于自身条件较国有企业稍显不足，不能有效获得政府的帮助，一些优惠政策无法享受，为了企业创新发展，积极把优质客户留住是一件不得不做的事。非国有企业实行的是宽松还款政策，会让企业压力加大，若遇到核心客户经营不善或直接破产，对企业而言不可避免地会导致供应链断裂，且很难在短时间内寻找到合适的客户群。这也是国企和非国企区别依赖于客户集中度的根本原因。

综上所述，由式（5-1）和式（5-2）的回归结果可以看出客户结构维度社会资本对企业创新绩效的影响是非线性的，呈现倒"U"形。并且该作用主要来自销售费用在其中起到的加强影响效用。盈余质量比较低水平的时候，依赖于结构维度客户社会资本，达到一定水平便与客户社会资本形成了替代关系。

在控制变量方面，经营风险（Ldol）与企业创新绩效显著正相关，说明面临经营风险越大的企业，越容易倾向于受客户的青睐而获得资源，从而更容易获得下游客户反馈的信息资料，自然能更快、更准确地研发出适应市场的新产品；无形资产的占比（Intangible）体现的是无形资产的投入，在无形资产越多的企业当中，企业自身更注重研发投入，进一步促进企业创新绩效的提升。

2. 客户认知维度社会资本对企业创新绩效的影响效应

表5-4列示了作为客户认知维度社会资本与企业创新绩效相互关系的回归模型的实证结果。其中，表中第1列反映的是一级客户在企业的创新绩效中起到的作用，根据结果显示，客户认知维度社会资本（Cone）的系数为-92.216，在10%的水平下显著，客户认知维度社会资本（Ctwo）的系数虽然也为负，但是不显著，通过对比这两个系数可以发现，与企业之间关联的客户对企业的创新绩效具有决定性作用，假设H2a未被证实。说明一级供应链上的企业与客户如果在同一个省份，尽管对一些基本意见更容易达成一致，交流起来也会更加的顺畅，企业能够从下游客户那里获得更多的有利信息，但却很难转化为企业的创新发展能力。地理位置上的优势能够在一定程度上降低交易成本，交易双方也更加熟悉，能够结合当地顾客需求，设计出满意的产品来稳固双方关系，但却不能在创新上起到促进作用。仅仅依靠一、二级供应链上的客户关系的紧邻优势，很难获取更多的客户资源，需要企业开拓新客户，才能不断创新，从而提升创新绩效。

表 5-4　客户认知维度社会资本对企业创新绩效影响的回归结果

Variable	（1） Innovation	（2） Innovation
Cone	−92.216*	
	（−1.74）	
Ctwo		−720.918
		（−0.45）
Rd	−3.759	−111.343
	（−1.05）	（−0.25）
Ldisacc	2.132	165.567
	（1.53）	（0.93）
Intangible	−998.180**	−2.17e+04
	（−2.26）	（−0.87）
Leverage	−354.495*	−4859.980
	（−1.67）	（−0.48）
soe	153.326**	2256.214
	（2.25）	（0.72）
Q	−0.664	722.163
	（−0.35）	（0.50）
ROA	−1022.661	−3.19e+04
	（−1.65）	（−0.59）
LNasset	−12.861	841.268
	（−0.58）	（0.57）
Larger	0.357	−26.202
	（0.23）	（−0.39）
AGE	19602.255*	1.95e+05
	（1.79）	（0.71）
Growth	−9.606**	−153.957
	（−2.24）	（−0.76）
CASH	−62.101	−806.188
	（−0.84）	（−0.22）
Ldol	−29.291	−2408.326
	（−1.47）	（−0.29）

续表

Variable	(1) Innovation	(2) Innovation
_ cons	−1.48e+05 * (−1.79)	−1.50e+06 (−0.71)
N	10392	10392
R−Square	0.105	0.829
Adj. R−Square	0.03	−1.56

注：①表格内的数字上面表示估计系数，下面括号内的数字表示 t 值；② *** 、 ** 、 * 分别表示 1%、5%、10%的显著性水平。

基于不同产权性质下，表 5-5 表述了认知维度社会资本对企业创新绩效影响的回归结果，进一步分析产权性质在客户认知维度社会资本创新绩效中起到的作用，客户认知维度社会资本（Cone）在国企中系数为−167.971（在 5%的水平下显著）在非国企中系数为正，却不显著，这说明非国企更需要同省客户的资源共享和帮助，而国企在当地具有一定地位，自然对认知维度客户社会资本的需求力度不那么强烈。当地政府会给当地国企大力支持以及一些优惠政策的支持背书，相对于非国企根据自身属性获得的资源就相当丰富，也就没动力寻求外部资源的共享，信息更迭更为固化，创新积极性较差。另外，国有企业可能会弱化从客户方面获取信息的需求，借助客户社会资本来提升创新绩效的可能性也会降低。在全样本中经营风险（Ldol）的系数未显著，但却在国企样本中系数为−83.990，在 10%的水平下显著。这说明经营风险并不能提升创新绩效，反而会减弱创新绩效的水平，故国有企业应控制经营风险，降低经营杠杆，同时应该开拓其他省份的新市场，不能仅停留在满足同省客户的需求上，这样才能获取更多优质的高需求客户，设计出前沿的产品，从而提升企业创新绩效。

表 5-5　不同产权下客户认知维度社会资本对企业创新绩效影响的回归结果

Variable	（1）高 Innovation 国企	（2）低 Innovation 非国企	（3）高 Innovation 国企	（4）低 Innovation 非国企
Cone	−167.971**	79.063		
	（−2.10）	（1.63）		
Ctwo			12.080	9.104
			（0.73）	（0.49）
Rd	−3.503	−6.073**	16.370	−110.020
	（−0.32）	（−2.01）	（0.93）	（1.13）
Ldisacc	8.180**	0.327	168.019	26.183
	（2.19）	（0.29）	（0.88）	（1.53）
Intangible	−1829.210*	7.984	0.100	0.090
	（−1.78）	（0.02）	（1.27）	（1.34）
Leverage	−829.181	47.209	0.000	0.000
	（−1.55）	（0.64）	（0.76）	（0.88）
Q	97.354	−2.985**	1397.994	−398.959
	（0.76）	（−2.29）	（1.31）	（−0.95）
ROA	−3030.234	−249.292	0.000	0.000
	（−1.37）	（−0.72）	（0.47）	（0.73）
LNasset	19.453	−17.329	563.023	−322.555
	（0.42）	（−1.33）	（0.93）	（−0.42）
Larger	0.053	−1.027	1.513	−27.415
	（0.02）	（−0.78）	（0.86）	（−0.93）
AGE	41906.137	6798.472*	0.000	0.000
	（1.54）	（1.75）	（1.02）	（1.23）
Growth	−11.590	−8.446	1153.432	−201.528
	（−1.61）	（−1.34）	（1.49）	（−1.06）
CASH	−200.297	78.200***	459.020	630.084
	（−0.84）	（2.70）	（0.76）	（0.91）
Ldol	−83.990*	14.372	1241.006	1373.643
	（−1.83）	（0.51）	（0.23）	（0.70）

续表

Variable	(1) 高 Innovation 国企	(2) 低 Innovation 非国企	(3) 高 Innovation 国企	(4) 低 Innovation 非国企
_ cons	−3. 18e+05	−5. 12e+04*	−1. 54e+04	8493. 756
	(−1. 54)	(−1. 73)	(−1. 36)	(1. 05)
N	2196	8196	2196	8196
R−Square	0. 195	0. 120	0. 200	0. 040
Adj. R−Square	0. 04	−0. 03	0. 04	0. 07

注：①表格内的数字上面表示估计系数，下面括号内的数字表示 t 值；② ***、**、* 分别表示 1%、5%、10%的显著性水平。

3. 客户关系维度社会资本对企业创新绩效的影响效应

（1）不同产权性质下的异质性。表 5-6 表述了关系维度客户社会资本对企业创新绩效影响的回归结果，其中第 1 列反映的是应收账款比例（LAr）在企业创新绩效中起到的作用，全样本中关系维度客户社会资本（LAr）的系数并不显著，分析可能存在的原因，应收账款政策的宽松并未带给企业更多有用信息，对企业创新的影响较小。一旦区分国企和非国企，这种差异反而凸显出来。客户关系维度在国企中不显著，在非国企中显著。在常态市场经济条件下，无论是信贷政策还是税收政策，大都偏向于国有企业。面对多变的市场需求，国有企业拥有更多的客户管理渠道和多元化选择路径，而非国有企业只能自行解决在生产经营活动中遇到的问题，非国有企业借助客户社会资本来提高创新绩效的可能性较大，说明客户关系维度社会资本带给企业的效果更好，体现了客户与非国企之间的依赖度较高。综上所述，非国企可以在一定程度上可以通过放松应收账款政策来举债，虽然会产生一定的经营风险，但是不能够过高以致于产生负面作用。

表 5-6　异质性关系维度客户社会资本对企业创新绩效影响的回归结果

Variable	(1) Innovation 全样本	(2) Innovation 国企	(3) Innovation 非国企
LAr	44.814	-232.767	50.806 **
	(1.23)	(-0.14)	(2.12)
Rd	9.010	-235.341	18.535
	(1.39)	(-1.32)	(0.88)
Intangible	-992.423	287.080	2922.314
	(-1.05)	(0.91)	(0.32)
Leverage	-176.810	121.080	-312.141
	(-0.72)	(0.18)	(-1.00)
soe	23.788		
	(0.31)		
Q	28.553	-336.226	70.143
	(0.79)	(-0.82)	(0.90)
LNasset	-13.735	-502.951	164.850
	(-0.28)	(-0.25)	(0.56)
Larger	-1.878	-20.554	-3.204
	(-1.12)	(-1.11)	(-0.68)
AGE	-2021.043	431.000	5214.028
	(-0.19)	(0.38)	(0.20)
Growth	97.663 *	821.050	589.375 *
	(1.74)	(0.90)	(1.82)
_cons	15730.619	12790.246	-4.33e+04
	(0.20)	(0.21)	(-0.21)
N	10392	2196	8196
R-Square	0.574	0.703	0.867
Adj. R-Square	0.14	0.27	0.33

注：①表格内的数字上面表示估计系数，下面括号内的数字表示 t 值；② *** 、 ** 、 * 分别表示 1%、5%、10%的显著性水平。

（2）经营风险的调节作用。表5-7描述了经营风险在关系维度方面的调节作用，第1列是基本模型，第2列的系数表明经营风险的存在会弱化关系维度社会资本的作用，对应收账款的影响也是很弱，其主要原因在于经营风险较低时，企业集中精力解决经营风险，资金链和供应链存在断裂的风险，这时候应收账款的宽松没有换来客户对企业的信任，有可能选择不归还经营不善的企业，或者是转而向其他企业进行购买。这种情况在非国企里表现明显，这是因为非国企受制度的影响较小。

表5-7　经营风险与关系维度客户社会资本对企业创新绩效影响的回归结果

Variable	（1） Innovation 全样本	（2） Innovation 全样本	（3） Innovation 国企	（4） Innovation 非国企
LAr	44.814	468.071	-2281.706	31.532**
	(1.23)	(1.75)	(-0.03)	(1.98)
Ldol		-74.993**	-45.926	-76.884*
		(-2.45)	(-1.41)	(-1.85)
LARD		-190.876*	904.419	-14.968
		(-1.87)	(0.35)	(-0.03)
Rd	9.010	2.571		
	(1.39)	(0.82)		
Intangible	-992.423	-1871.945	3225.000	-4698.957
	(-1.05)	(-2.05)	(0.31)	(-1.33)
Leverage	-176.810	229.656	310.000	-609.365
	(-0.72)	(1.12)	(0.71)	(-1.10)
soe	23.788	-13.676		
	(0.31)	(-0.14)		
Q	28.553	-22.184	-21.887	77.232
	(0.79)	(-1.06)	(-0.32)	(0.66)
LNasset	-13.735	-6.521	-101.771	509.320***
	(-0.28)	(-0.07)	(-1.7)	(4.43)

续表

Variable	(1) Innovation 全样本	(2) Innovation 全样本	(3) Innovation 国企	(4) Innovation 非国企
Larger	−1.878 (−1.12)	−0.153 (−0.07)	−11.743 (−1.32)	−5.179 (−1.37)
AGE	−2021.043 (−0.19)	−2.61e+04 (−2.85)		
Growth	−97.663 (−0.74)	−744.539** (−4.48)		
_cons	15730.619 (0.20)	1.99e+05 (2.84)	3248.846 (0.98)	−1.03e+04*** (−4.15)
N	10392	10392	2196	8196
R−Square	0.574	0.952	1.000	0.851
Adj. R−Square	−0.14	0.66	0.81	0.72

注：①表格内的数字上面表示估计系数，下面括号内的数字表示 t 值；② ***、**、* 分别表示 1%、5%、10%的显著性水平。

4. 制度环境动态性的调节效应研究

（1）政府干预与客户社会资本对企业创新绩效的影响回归结果。表 5-8 列示了研究假设 H4a 的回归结果。表中第 1 列和第 2 列分别表述了在政府干预强和政府干预弱的地区，政府干预与客户社会资本对企业创新绩效的影响。

表 5-8　政府干预与客户社会资本对创新绩效的影响回归结果

Variable	(1) Innovation 强	(2) Innovation 弱	(3) Innovation 强	(4) Innovation 弱	(5) Innovation 强	(6) Innovation 弱
CUS	0.104 (0.42)	0.247* (1.78)				
Cone			−107.285* (−1.74)	−86.959 (−1.28)		

续表

Variable	(1) Innovation 强	(2) Innovation 弱	(3) Innovation 强	(4) Innovation 弱	(5) Innovation 强	(6) Innovation 弱
LAr					54. 785	36. 704 **
					(1. 01)	(1. 99)
Intangible	−37. 990	439. 014 ***	−1079. 045	714. 536 **	−671. 283	59. 000
	(−0. 42)	(2. 81)	(−1. 62)	(2. 12)	(−1. 63)	(1. 42)
Leverage	−4. 148	−71. 634	−243. 749	−114. 764	53. 045	39. 000
	(−0. 16)	(−1. 53)	(−1. 28)	(−0. 59)	(0. 64)	(1. 31)
soe	47. 065 **	56. 577 **	209. 426 **	111. 213	6. 697	7. 300
	(2. 50)	(1. 99)	(2. 20)	(1. 54)	(0. 12)	(0. 87)
Q	−2. 009	0. 313	−1. 028	3. 077 ***	−9. 079	7. 020
	(−1. 18)	(1. 61)	(−0. 95)	(8. 68)	(−0. 68)	(0. 76)
ROA	376. 389 ***	69. 858	−722. 653	−472. 718		
	(4. 76)	(0. 56)	(−1. 13)	(−1. 05)		
LNasset	−5. 190	19. 923 **	−22. 763	−44. 384	−70. 686 **	8. 000
	(−0. 84)	(1. 97)	(−1. 16)	(−1. 28)	(−3. 93)	(0. 90)
Larger	0. 140	−0. 064	−1. 413	1. 787	0. 490	5. 121
	(0. 34)	(−0. 10)	(−0. 84)	(0. 75)	(0. 36)	(1. 1)
AGE	1790. 211	4442. 773	31285. 629 *	1722. 143	−752. 510	36. 000
	(0. 54)	(0. 85)	(1. 94)	(0. 25)	(−0. 11)	(0. 71)
Growth	−0. 200	−1. 208	−11. 317 **	5. 170	−263. 254 *	120. 000
	(−0. 22)	(−0. 46)	(−2. 15)	(0. 11)	(−2. 47)	(0. 22)
DFL	0. 011	1. 595	−7. 591	−1. 386		
	(0. 21)	(1. 35)	(−0. 57)	(−1. 18)		
CASH	9. 546	4. 568	26. 920	57. 038		
	(0. 99)	(0. 36)	(0. 33)	(1. 40)		
Rd					12. 411 ***	1. 063
					(6. 77)	(0. 82)
_cons	−1. 34e+04	−3. 41e+04	−2. 37e+05 *	−1. 20e+04	7245. 163	−230. 762
	(−0. 53)	(−0. 86)	(−1. 94)	(−0. 23)	(0. 14)	(−0. 15)

续表

Variable	（1） Innovation 强	（2） Innovation 弱	（3） Innovation 强	（4） Innovation 弱	（5） Innovation 强	（6） Innovation 弱
N	7196	3139	7196	3139	7196	3139
R-Square	0.71	0.79	0.165	0.093	0.977	0.800
Adj. R-Square	0.41	0.32	0.07	-0.02	0.90	0.74

注：①表格内的数字上面表示估计系数，下面括号内的数字表示 t 值；② ***、**、* 分别表示 1%、5%、10%的显著性水平。

通过对回归模型中客户社会资本的回归系数进行观察，表中第 1 列和第 2 列分别列示了在政府干预强和政府干预弱的地区，政府干预与客户社会资本对企业创新绩效的影响效应。反观在政府干预较弱的地区，企业就更容易与客户建立良好关系来共享信息，效果也会更加明显。因为如果在政府干预较强的地区，即便企业与客户之间建立了良好的关系，这种关系也会在政府的干预下弱化。表中第 3 列和第 4 列的回归结果显示，客户认知维度社会资本（Cone）的系数都为负，这就说明了同一省份的供应链合作伙伴之间的联系在政府的强干预下也会削弱。从表中第 5 列和第 6 列可以看出，在政府强干预地区，客户关系维度社会资本对企业创新绩效不显著，这说明，即便给予客户一定的应收账款宽松政策的信任，也会由于政府的强制干预，使得这种信任很难建立，不确定性增强。在政府弱干预地区，与客户的关系更容易维护起来，客户关系维度社会资本对企业创新绩效显著为正，这表明客户关系维度社会资本与政府干预存在一定的替代关系。

（2）法治水平与客户社会资本对企业创新绩效的影响回归结果。表 5-9 分别给出了在不同法治水平下，式（5-1）、式（5-2）和式（5-4）的回归结果，由前两列的结果可以看出，供应链结构维度客户社会资本的系数均不显著，说明法治水平在客户集中度中起到的作用不是很大。企业对大客户的依赖不明显，其主要原因是客户认知维度社会资本与企业创新绩效的关系不是一个简单的线性相关。表中第3列和第4列主要是考察在不同法治水平下，认知维度客户社会资本对企业创新绩效的影响是否存在差异，根据结果显示，在法治水平高的地区，认知维度客户社会资本与法治水平存在替代关系，其提高创新绩效的影响力被削弱。最后两列的结果显示，在法治水平高的地区，供应链认知维度客户社会资本对企业创新绩效的作用更强，这表明，在法治健全的地方实施宽松政策时，客户配合度高，自然合作融洽畅通，没有利己主义，而是双赢，故促进了企业创新的产生。压力大且法治水平低，即便企业通过开展赊销吸引客户，客户大多仍难以信任企业，因此减少了合作机会，形成的客户社会资本少之又少。所以制定应收账款政策时，需要考虑当地的法治水平。

表5-9　法治水平与客户社会资本对企业创新绩效的影响回归结果

Variable	(1) Innovation 高	(2) Innovation 低	(3) Innovation 高	(4) Innovation 低	(5) Innovation 高	(6) Innovation 低
CUS	0.030 (0.12)	0.190 (0.48)				
Cone			−169.846** (−2.05)	−36.556 (−0.75)		
LAr					54.785** (1.99)	664.355 (1.03)
Intangible	−86.372 (−0.96)	−144.040 (−0.91)	−1586.747** (−2.01)	−647.864* (−1.86)	−671.283 (−1.63)	−3415.493 (−1.03)
Leverage	−4.470 (−0.16)	−47.327 (−1.08)	−355.707* (−1.73)	−99.967 (−0.61)	53.045 (0.64)	5.764 (0.03)

续表

Variable	（1） Innovation 高	（2） Innovation 低	（3） Innovation 高	（4） Innovation 低	（5） Innovation 高	（6） Innovation 低
soe	46. 384 **	60. 295 **	257. 451 **	104. 297	6. 697	−215. 340
	（2. 30）	（2. 32）	（2. 49）	（1. 51）	（0. 12）	（−1. 02）
Q	0. 266 **	−0. 080	2. 407 **	29. 831	−9. 079	−2. 140
	（2. 07）	（−0. 02）	（2. 44）	（0. 94）	（−0. 68）	（−0. 03）
ROA	369. 368 ***	−56. 633	−844. 013	−701. 420 *		
	（4. 30）	（−0. 46）	（−0. 91）	（−1. 66）		
LNasset	−1. 124	3. 516	−20. 450	−19. 106	−70. 686 **	−39. 665
	（−0. 18）	（0. 37）	（−0. 91）	（−0. 86）	（−3. 93）	（−1. 00）
Larger	−0. 019	−0. 001	−2. 749	1. 540	0. 490	−5. 515
	（−0. 05）	（−0. 00）	（−1. 19）	（0. 88）	（0. 36）	（−1. 08）
AGE	150. 310	7606. 146	41523. 187 **	−850. 596	−752. 510	−2527. 933
	（0. 04）	（1. 58）	（2. 23）	（−0. 17）	（−0. 11）	（−0. 27）
Growth	−0. 074	−1. 072	−12. 721 *	9. 012	−263. 254 *	−135. 963
	（−0. 09）	（−0. 39）	（−1. 82）	（0. 19）	（−2. 47）	（−0. 58）
DFL	0. 012	1. 511	4. 639	−1. 432		
	（0. 25）	（1. 24）	（0. 28）	（−1. 55）		
CASH	4. 477	7. 073	28. 370	82. 953 *		
	（0. 47）	（0. 55）	（0. 33）	（1. 85）		
Rd					12. 411 ***	−7. 152
					（6. 77）	（−1. 11）
_ cons	−1112. 750	−5. 78e+04	−3. 15e+05 **	6963. 136	7245. 163	20378. 791
	（−0. 04）	（−1. 58）	（−2. 23）	（0. 18）	（0. 14）	（0. 29）
N	6679	3713	6679	3713	6679	3713
R-Square	0. 256	0. 052	0. 245	0. 062	0. 977	0. 721
Adj. R-Square	0. 25	0. 16	0. 13	−0. 04	0. 90	−0. 67

注：①表格内的数字上面表示估计系数，下面括号内的数字表示 t 值；② *** 、 ** 、 * 分别表示 1%、5%、10%的显著性水平。

（3）金融市场化与供应链社会资本对企业创新绩效的影响回归结果。表

5-10分别给出了在不同市场化水平下，式（5-1）、式（5-2）和式（5-4）的回归结果，由前两列的结果可以看出，结构维度客户社会资本的系数均为正，且只有在市场化程度低的地区才显著为正，这说明市场化水平在结构维度客户社会资本与企业创新绩效之间起到替代作用，当市场化程度低，企业对资源的需求比较迫切，能够与核心大客户之间建立良好合作关系，共享产品反馈信息，以促进创新发展新产品。表中第3列和第4列主要是考察在不同市场化水平下，认知维度客户社会资本对企业创新绩效的影响是否存在差异。其中发现在市场化水平低的地方显著为负，而在市场化水平高的地方其系数不显著，这说明市场化水平在结构维度客户社会资本对企业创新绩效中，起到的是替代作用。进一步地，同省的供应链合作伙伴在低水平市场化环境下，会使得创新绩效降低，也说明了企业仅靠省内合作的客户群，很难跟上时代的进步，设计出高质量产品，满足高质量需求的客户，需要企业与其他省跨区域合作，开拓发展思维。表中第5列和第6列主要是考察在不同市场化水平下，关系维度客户社会资本与企业创新绩效的关系。它们各自的系数为正但不显著，说明在市场化水平不同的地区，并不能产生替代作用于客户社会资本，企业若向客户实行宽松的信用政策，非但吸引不到新顾客群体，还有可能使得客户变成拖欠款项的企业，因此应该时刻开展符合当下环境的信用政策，提高自身的谈判力，而不是通过给予好处来吸引客户。

表5-10　市场化与客户社会资本对企业创新绩效影响的回归结果

Variable	(1) Innovation 高	(2) Innovation 低	(3) Innovation 高	(4) Innovation 低	(5) Innovation 高	(6) Innovation 低
CUS	0.308 （−0.59）	0.007* （1.83）				

续表

Variable	（1） Innovation 高	（2） Innovation 低	（3） Innovation 高	（4） Innovation 低	（5） Innovation 高	（6） Innovation 低
Cone			−560.489	−228.095 **		
			（−1.09）	（−2.12）		
LAr					36.383	28.030
					（0.54）	（0.91）
Intangible	−182.927	−180.191 *	209.794	532.551	74.191	70.000
	（−0.76）	（−1.87）	（0.46）	（0.54）	（0.05）	（0.07）
Leverage	180.414 ***	−27.554	1085.067	437.009 ***	385.533	219.000
	（2.68）	（−1.04）	（1.27）	（2.88）	（0.84）	（0.78）
soe	4.431	58.319 ***	−55.194	−23.768	50.292	39.000
	（0.11）	（3.36）	（−0.41）	（−0.26）	（0.56）	（0.89）
Q	−17.045 **	0.287 *	106.696	1.424 ***	−16.148	−11.726
	（−2.08）	（1.77）	（1.14）	（5.65）	（−0.49）	（0.73）
ROA	−9.148	81.713	−949.486	1773.359		
	（−0.06）	（1.07）	（−1.09）	（1.33）		
LNasset	−27.268	8.065	−54.747	55.519	43.787	29.080
	（−1.55）	（1.38）	（−0.81）	（1.59）	（0.79）	（0.76）
Larger	0.773	−0.080	0.093	−0.769	−0.595	−0.193
	（0.78）	（−0.20）	（0.03）	（−0.27）	（−0.24）	（−0.81）
AGE	10098.330	3692.999	−9382.354	29521.661 *	16017.262	1.700
	（1.49）	（1.15）	（−0.25）	（1.93）	（1.31）	（1.10）
Growth	−6.326	−0.303	−110.380	−3.893	51.267	1.200
	（−1.14）	（−0.28）	（−0.29）	（−1.34）	（0.25）	（0.27）
DFL	−5.654 **	0.012	109.324	22.700		
	（−2.17）	（0.18）	（0.96）	（1.13）		
CASH	4.358	3.808	−35.604	22.828		
	（0.19）	（0.44）	（−0.56）	（0.46）		
Rd					17.688 **	−0.722
					（4.64）	（−0.84）

续表

Variable	(1) Innovation 高	(2) Innovation 低	(3) Innovation 高	(4) Innovation 低	(5) Innovation 高	(6) Innovation 低
_cons	−7.63e+04	−2.82e+04	71825.307	−2.25e+05*	−1.23e+05	66.930
	(−1.48)	(−1.16)	(0.25)	(−1.94)	(−1.32)	(1.29)
N	3419	6973	3419	6973	3419	6973
R−Square	0.577	0.257	0.777	0.158	0.942	0.800
Adj. R−Square	0.21	0.05	0.11	0.08	0.65	0.43

注：①表格内的数字上面表示估计系数，下面括号内的数字表示 t 值；② $***$ 、 $**$ 、 $*$ 分别表示 1%、5%、10% 的显著性水平。

第五节　稳健性检验

一方面考虑到所选取变量的内生性问题，选择滞后二阶的变量作为自变量，从而避免了因果导向的问题。另一方面选择用替代变量来检测模型的稳健性，本书将企业创新绩效的衡量指标换作以上市公司当年申请专利总数来衡量。对于被解释变量常用的工具变量为滞后二阶或三阶，甚至两个的组合，在三种情况下，以上假设的结果仍然存在，这也从侧面印证了客户社会资本对企业创新绩效具有滞后性。对于解释变量不同维度分别用不同的衡量方式进行逐一回归。

检验结果发现，大部分检验结果并没有发生实质性的改变。

第六节　研究结论与启示

首先，我们考察了A股上市公司供应链社会资本对企业创新绩效的影响是否存在显著影响；其次，在结构维度细化方面，从企业内部价值创造机制的角度出发，经过理论分析，基于三个调节变量进行三维度的深入研究，分别是销售费用、盈余质量和国有股权。同时，把三个调节变量与企业创新绩效的关系进行了对比分析。接着专门对认知维度和关系维度分别进行分组（按照产权划分）研究，得出其对企业创新绩效的影响效应。此外，我们还从外部社交网络视角进行分析，通过将制度环境因素引入客户社会资本的模型中，考察了制度环境因素在客户结构维度社会资本与企业创新绩效之间起到的作用。本书通过细分不同类型的客户结构维度社会资本，系统研究了客户结构维度社会资本对我国A股上市公司创新绩效的影响，大部分研究假设得到了支持，结果如表5-11所示：

表5-11　假设检验结果

	假设内容	结论
H1a	企业与客户之间结构维度的社会资本对创新绩效具有倒"U"形的作用	支持
H1b	企业销售费用正向加强企业客户结构维度社会资本与企业创新绩效的倒"U"形关系	支持
H1c	企业盈余质量信息正向加强企业客户结构维度社会资本与企业创新绩效的倒"U"形关系	支持
H2a	企业与客户之间认知维度的社会资本对企业创新绩效具有积极影响	未支持

	假设内容	结论
H2b	企业国有属性负向调节企业客户认知维度社会资本对企业创新绩效的影响效应	支持
H3a	企业客户关系维度社会资本对企业创新绩效具有积极影响	支持
H3b	企业经营风险负向调节客户关系维度社会资本对企业创新绩效的影响效应	支持
H4a	在市场化发展落后、法治效率低下、政府干预弱的地区，客户结构维度社会资本对企业创新绩效的影响效应更为显著	支持
H4b	在市场化发展落后、法治效率低下、政府干预弱的地区，客户认知维度社会资本对企业创新绩效的影响效应更为显著	未支持
H4c	在市场化发展落后、法治效率低下、政府干预弱的地区，客户关系维度社会资本对企业创新绩效的影响效应更为显著	未支持

主要研究结论如下：

第一，企业客户结构维度社会资本、客户认知维度社会资本和客户关系维度社会资本这三个角度都可以在一定程度上提升企业的创新绩效。但客户结构维度与企业创新绩效并不是简单线性关系，而是非线性关系，与大客户联系过多易导致大客户的议价能力提升从而带来交易成本的增加，企业的利益就会受到损害。销售费用能在一定程度上起到宣传作用，能吸引优质的客户群体，一旦与大客户形成了良好合作关系，增加销售费用就会起到负面影响，所以销售费用会加重客户结构维度社会资本与企业创新绩效的倒"U"形关系。在民营企业中客户集中度（结构维度）的作用更加凸显。企业偏向于优质的大客户以抵挡外界不确定因素产生的风险，这一方面可以有利于降低供应链断裂的风险，另一方面使得企业能够与优质客户之间共享信息，获得需求端前沿的信息，进而生产符合当下环境的新产品。企业应该合理安排好销售费用的支出。盈余质量能够通过减少信息不对称带来的影响，提高企业创新水平。但深入挖掘发现，当盈余信息足够多时，企业并不那么看中与大客户合作，而是选择交易成本更低的客户群体。换句话说，不再依赖于通过客户知晓信息，盈余信息质量就是一项信号，客户集中度过高时，它会削弱客户集中度的作用，也就是说替代了这种信号传递的方式。因此，企业应该合理进行盈余管理，不应过度。国有属性在民营企业当中，国企与民企两者在客户集中度方面存在异质性，结构维度客户社会资本的作用有明显差异，这与企业自身的禀赋资源分不开。国企享受政府的支持与保护，具备很多民企无法获得的资源与客户，国企也不必去额外通过其他渠道获取知识信息，过于紧密集中供应链关系的企业会使得企业抱团得不到提升整体水平，更不用说创新的来源。

第二，本章从社会网络理论的角度考察了企业客户社会资本对企业创新绩效的内在机理，从企业内在因素：销售费用、盈余信息和国有股权这三方面与客户合作交流中的调节作用，填补了相关供应链研究的空白。学者们大都是孤立思考客户集中度的单一作用，很少直接客观量化供应链社会资本这一整体的效应，并未考虑到与客户相关的销售费用（更准确来说是广告费与宣传费，由于数据可获取性，用销售费用来代替）。产权性质的异质性在客户社会资本上体现得更为充分，这表明同省份的国企之间合作较多，若优质客户群体在同一个省，国企具备先天优势，但要提升企业创新绩效，仅仅满足当地客户是远远不够的，需要开发新市场。对于民企而言更是如此，仅在本省发展存在上限同样需要突破省份壁垒，吸引更多的客户群体，才能获得更丰富的信息，有助于提升创新绩效。

以上研究结论给予我们的启示是：无论是企业吸引何种类型的客户社会资本为企业获取核心需求信息，都是在帮助企业获得核心竞争优势，提升创新能力，这种基于关系的契约在一定程度上有助于促进 A 股上市公司的发展。虽然在制度不健全的条件下，销售费用对客户社会资本的创新绩效起到积极的促进作用，但是客户集中度过高，这种作用就会迅速下降，我们应该合理分配销售费用，而不是盲目开展营销活动。盈余信息质量会削弱这种效应，最终达到积极促进企业可持续创新发展的目的，需要企业加强自身建设，提高自我的盈余信息质量，传递利好信号。因此，要完善解决企业创新绩效的问题，需要考虑销售费用在广告费用中的占比，以及效用问题，综合考虑多种因素，需要完善信用机制，调动客户积极还款的自觉性，从而得到优质的高质量客户群体，有助于降低经营风险，缓解融资约束，促进企业更好发展。

第六章　研究结论与政策建议

第一节　研究结论

本书立足于供应链的研究现状，通过理论分析和实证研究等方法，深入探讨了基于资源依赖理论的供应链社会资本创新绩效问题。在研究过程中充分借鉴了国内外供应链和社会资本的相关理论分析和实证研究，从企业上下游两条脉络展开，对供应链社会资本如何影响企业创新绩效的机理以及调节变量的作用等一系列问题进行了充分的研究，以发掘供应链社会资本价值创造提升企业创新绩效的内在机理，为深入挖掘其微观因素和宏观因素在其中的作用提供新思路和新路径。在此基础上，考虑中国特色的国企与非国企之间进行异质性分析，对比分析其作用路径。本书的研究结论包括以下几个方面：

1. 供应商集中度和客户集中度对企业创新绩效的效用是有差异的

虽然现有文献研究已经关注了供应商集中度和客户集中度的创新效用，但是研究结果尚未达成一致。基于此，本书发现供应商集中度（结构维度）对企业创新绩效是显著正向影响，说明能提升企业创新水平，但客户集中度却和供应商带来的效果不一样，与企业创新绩效的关系是倒"U"形。这表明不能使得大客户在企业中的集中度过高，过高的集中度会使得创新绩效下降。进一步地，纳入微观因素发现，研发投入强度能在一定程度上加强供应商集中度对企业创新绩效的作用，故应该在企业承受范围内尽可能地加大研发人员配置以及资金投入。对于客户集中度，盈余质量负向调节客户集中度对企业创新绩效的影响，当客户集中度较低时，盈余质量能够提升创新绩效水平，当客户集中度过高时，盈余质量能够继续提升创新水平，削弱客户集中度过高导致创新水平的下滑。故企业应该注重自身盈余质量，从而给市场一个优势的信号。考虑到成本收益，应该尽可能花最低的成本发挥供应链社会资本的最大效用。

2. 企业连锁董事网络和销售费用在供应商集中度与客户集中度创新效应内在机理中的调节作用

对于供应商集中度而言，连锁董事网络获取资源的成本较低，因为所处位置就拥有位置上的资源，与供应链集中度之间互为替代关系，当连锁董事网络较丰富时，企业自然会选择通过兼职董事来获取知识信息与资源，从而到达创新的目的。企业招聘高管（包含董事）的时候可以倾向于招聘职业背景复杂的，且正在兼职的董事，有利于丰富企业的资源库。对于客户集中度而言，企业花费销售费用来进行广告宣传，可以促进创新水平的提升，但当客户集中度过高时，这种正向影响变为负向影响，故客户集中度并不是越高越好。同样销售费用需要花在刀刃上，起到最大促进创新绩效的效果。

3. 同省供应商合作伙伴在一定程度上能够促进创新绩效，同省客户合作伙伴却未能促进创新绩效

通过实证结果显示，对于供应商而言，一级供应链与企业同在一个省份，能够促进创新绩效的影响，适当的抱团发展，有共同的价值观和认知，交流起来更加畅通无阻，交易成本较低，有利于创新发展。二级供应链对双方均不显著，主要原因在于供应商社会资本对一级链条关系的直接企业发挥作用，即便它与二级供应链的企业具有同省的地理位置优势，很难避免与直接对接企业（一级供应链）共享信息，双方互赢。但对于客户而言，发现同省客户资源不能推动企业创新发展前进的步伐，尤其是在国企中表现得更为明显。然而在民营企业中发现，认知维度客户社会资本甚至产生负面的影响，说明企业在大企业当道的省份很难找到优质客户，也不利于自身发展。因此，对于民营企业更应该拓宽供应渠道，向周边大经济商圈发展，为新商圈注入新鲜血液，提高商圈的创新性。

4. 不同属性企业供应链社会资本对企业创新绩效影响效应

对于不同维度的供应链社会资本，把企业按照实际控制权分为国有和非国有时，其作用机理存在一定的差异。大多数的实证结果显示，非国企对于供应链社会资本的依赖十分强烈，确实能够通过吸收供应链上的知识技术满足不具备先天优势企业的创新发展。对于国企而言，也需要思考如何提升整个企业的创新绩效，减少一些不必要的交易成本，化繁为简，避免冗长的程序，注重高效率。国企自身实力较强，具有很多主动权，充分利用好供应链上的信息资源，为企业上升到更高的创新平台助力。

第二节　政策建议

一、政府层面

本研究希望能为政府层面提供一个有用的基础。总体而言，市场制度完善、区域协同有利于供应链内企业与供应商、客户的合作，降低交易成本，弥合信息不对称。

1. 加强产业集群建设，完善区域城市经济圈产业互通机制

一方面，推动产业链优化升级，通过市场资源配置，加大对国家战略布局及关键领域的集群化建设。以城市群、都市圈建设为着力点，打破物理界限分割，培育不同空间尺度联动的产业链供应链"根据地"。建立互通管理与激励机制，通过消费者市场打造，形成以采购商驱动的供应链。增强中心城市辐射带动作用，带动区域整体的需求质量提高。着力提高城市群、都市圈整体协调发展水平，重点保障城市交接区域、城乡结合区域、周边县城的基础设施建设水平、产业配套设施建设水平以及公共服务设施供给水平。围绕城市经济圈建设，鼓励具有引领地位的领头采购商、零售商的发展壮大，创造良好的营商发展环境。力争形成一批供应链新技术和新模式，供应链资源整合能力显著提升，有效融入全球供应链网络。

另一方面，积极发挥供应商协会、同乡商会等组织作用，鼓励跨行业、跨区域供应链商务会议举办。在招商引资、人才引进、服务平台建设等方面予以统筹与政策扶持，形成一批特色鲜明配套协同的供应链城市。

2. 强化信息智能共享，构建供应链生态化综合管理平台

运用金融科技手段，构建供应链中占主导地位的核心企业与上下游企业一体化的金融供给体系和风险评估体系。有效整合物流、资金流、信息流等信息，以真实交易为基础，提供系统性的服务解决方案，以快速响应产业链上企业的结算、融资、财务管理等综合需求，降低企业成本，提升产业链各方价值。

立足于各自专业优势和市场定位，加强共享与合作，深化信息协同效应和科技赋能，推动供应链金融场景化和生态化，提高线上化和数字化水平，推进产业链条信息透明、周转安全、产销稳定。核心企业、金融机构、政府部门、第三方专业机构等各方应加强信息共享，依托核心企业构建上下游一体化、数字化、智能化的信息系统、信用评估和风险管理体系，动态把握企业的经营状况，建立企业之间更加稳定紧密的合作关系。

3. 联合开发符合当地特色的"巴蜀政银易企通""成渝政银易企通"系统

无论是"巴蜀政银易企通"还是"成渝政银易企通"的系统我们希望该系统把政府职能部门、银行金融机构、企业客户三方主体联合起来，金融机构与公安、税务、市场监管、通信管理等部门实现数据共享，集涉企数据信息实时共享、账户资料影像传输与处理、异常信息监测等功能于一体，打通成渝经济圈中政府与银行、企业之间的"信息孤岛"，实现了数据共享全维度。通过该系统，银行机构可实现市场监管数据的获取，较好地解决了银行机构涉企信息查询渠道少、要素不够全、时效性不够高等问题。人民银行可根据监测情况将风险账户推送至开户银行，并将核实信息共享至全省银行机构，实现了风险监控全流程。致力打造出平台在线供应链融资特色新模式。支持金融机构采取"互联网+核心企业+中小企业"的服务

模式，通过线上信息传递和确认，提高供应链融资业务办理效率和便捷程度，缓解资源匮乏的中小企业融资难、融资贵和融资慢等问题。建议各大银行建立供应链金融业务对客户端平台，实现核心企业信用在上下游客户间的穿透。建议银行可与行业实现电子商务平台对接，采用"银企直联+网银"模式，实现核心企业通过平台向银行供应链融资系统推送交易背景等相关信息，供应商通过网银渠道提交融资申请，满足企业流程简便、放款迅速的需求，缓解企业贷款的压力，降低财务风险。

4. 建立风险评级与监控体系

指导金融机构建立基于供应链、债项评级与主体评级相结合的风险控制体系，加强对供应链金融的风险监管，提升风险管理水平，防止风险沿供应链、产业链蔓延。建立健全面向供应链金融全链条的风险控制体系，提高事前、事中、事后各环节风险管理的针对性和有效性。按照"谁审批、谁监管，谁主管、谁监管"的原则，完善各类新型金融组织的监管和风险处置机制。

进一步地，运用新技术及平台系统实现整体风控。鼓励供应链金融各成员之间的合作，运用新技术增强内部联结性，提高风险防范能力。鼓励供应链核心企业、大型供应链服务企业和金融机构与人民银行应收账款融资服务平台直接对接，传递核心企业信用信息，实现对链上企业的整体风险控制。鼓励金融机构借助信息化平台，引入大型物流公司，通过物流大数据实现风险监控。信息时代安全最重要，研究运用区块链、物联网技术，对库存汽车、家电等抵押品信息进行动态监控和实时风险预警，不断提高风险预防和处置能力。

二、企业层面

对于具有供应链社会资本较高的企业而言，需要重新合理利用好其带来的创新效应，避免过高的社会资本带来的负面效应。合理处理好与上下游的关系，使其在供应链中更加灵活变通，抗风险能力更强。为了在供应链中发挥不可替代的作用，在市场上占有一席之地，企业应该加强自我能力，提高企业核心竞争力，形成在供应链中的核心地位。因此，合理利用和建立优质的供应链社会资本的企业应该在以下几个方面进行完善：

第一，与上游企业保持良好的关系，与客户保持恰当的距离。基于连锁董事网络效应在供应链社会资本中的影响，需要企业招聘或选拔董事是选取经验丰富、兼职多的人才，有利于资源共享，丰富企业整个资源体系。

第二，本书的研究结果显示企业应该扩大交际圈，尤其是民营企业，加强与周边省份企业合作，提高自身在区域内的声誉，加大研发投入比例，从而达到吸引高质量需求的客户群体的目的，激发创新效应，创造更多收益。

第三，社会资本提高了供应商的创新绩效。供应商社会资本积累与创新绩效具有正相关关系。本书的发现为供应链管理者考虑设计和管理供应链以增强创新能力提供了有用的指导。企业应按库管理供应社交网络企业，有意识主动引导供应链上下游信息与知识流入汇总。

第四，特定关系的程度和强度可能因行业而异，因此在供应链社会资本各行业差异较大，这方面可以深入分析其方面的差异。未来的研究应在各个工业领域进行。另外，为了提供对本书研究结果的丰富描述，鼓励后续企业开展对实体企业的案例研究，探索企业到底中向把控与选择供应商和客户。

参考文献

［1］边燕杰，丘海雄．企业的社会资本及其功效［J］．中国社会科学，2000（2）：87-99+207．

［2］边燕杰，张文宏．经济体制、社会网络与职业流动［J］．中国社会科学，2001（2）：77-89+206．

［3］蔡进．"一带一路"与国家供应链发展战略［J］．中国流通经济，2016，30（1）：25-30．

［4］蔡莉，柳青．科技型创业企业集群共享性资源与创新绩效关系的实证研究［J］．管理工程学报，2008（2）：19-23+40．

［5］曹伟，姚振晔，赵璨．供应链关系变动与企业创新绩效——基于中国上市公司的经验证据［J］．会计与经济研究，2019，33（6）：31-54．

［6］曹裕，易超群，万光羽．基于制造商网络渠道选择的双渠道供应链定价与服务决策研究［J］．管理工程学报，2021，35（2）：189-199．

［7］陈广仁，唐华军．供应链企业的商业模式创新机制研究［J］．科研管理，2018，39（12）：113-122．

［8］陈劲，陈钰芬．企业技术创新绩效评价指标体系研究［J］．科学

学与科学技术管理，2006（3）：86-91.

［9］邓爱民，李云凤．基于区块链的供应链"智能保理"业务模式及博弈分析［J］．管理评论，2019，31（9）：231-240.

［10］窦红宾，王正斌．社会资本对企业创新绩效的影响——知识资源获取的中介作用［J］．预测，2011，30（3）：48-52+58.

［11］范钧．社会资本对 KIBS 中小企业客户知识获取和创新绩效的影响研究［J］．软科学，2011，25（1）：85-90.

［12］方世荣，杨伟智．组织间合作的研究—关系涉入的观点［J］．朝阳商管评论，2004，3（2）：40-68.

［13］高建，汪剑飞，魏平．企业技术创新绩效指标：现状、问题和新概念模型［J］．科研管理，2004（S1）：14-22.

［14］侯广辉，张键国．企业社会资本能否改善技术创新绩效——基于吸收能力调节作用的实证研究［J］．当代财经，2013（2）：74-86.

［15］黄元，段梦姣，杨洁，温亚利．中国省域环境伦理行为指数测度及其空间效应研究——基于改进 STIRPAT 模型的实证［J］．统计与信息论坛，2021，36（3）：95-106.

［16］吉利，陶存杰．供应链合作伙伴可以提高企业创新业绩吗？——基于供应商、客户集中度的分析［J］．中南财经政法大学学报，2019（1）：38-46+65+159.

［17］蒋春燕．企业外部关系对内部创新活动的影响机制［J］．经济管理，2008（5）：30-35.

［18］颉茂华，王娇，刘远洋，殷智璇．绿色供应链成本管理信息化的实施路径——基于伊利集团的纵向案例研究［J］．管理案例研究与评论，2019，12（4）：431-448.

［19］李红艳，储雪林，常宝．社会资本与技术创新的扩散［J］．科学学研究，2004（3）：333-336.

［20］李欢，郑呆娉，李丹．大客户能够提升上市公司业绩吗？——基于我国供应链客户关系的研究［J］．会计研究，2018（4）：58-65.

［21］李路路．社会资本与私营企业家——中国社会结构转型的特殊动力［J］．社会学研究，1995（6）：46-58.

［22］李维安，李勇建，石丹．供应链治理理论研究：概念、内涵与规范性分析框架［J］．南开管理评论，2016，19（1）：4-15+42.

［23］李宇，周晓雪，张福珍．产业集群社会资本对集群企业创新绩效影响的实证研究［J］．产业经济研究，2016（3）：31-40.

［24］李志刚，汤书昆，梁晓艳，赵林捷．产业集群网络结构与企业创新绩效关系研究［J］．科学学研究，2007（4）：777-782.

［25］林筠，刘伟，李随成．企业社会资本对技术创新能力影响的实证研究［J］．科研管理，2011，32（1）：35-44.

［26］林南．巧变配送体系　传统企业成电子商务强者［J］．现代营销，2001（3）：24-26.

［27］林南．张磊译．社会资本：关于社会结构与行动的理论［M］．上海：上海人民出版社，2005.

［28］刘超．社会资本与区域经济创新［J］．价值工程，2009，28（1）：154-156.

［29］刘衡，李垣，李西垚，肖婷．关系资本、组织间沟通和创新绩效的关系研究［J］．科学学研究，2010，28（12）：1912-1919.

［30］刘会，宋华，冯云霞．产品模块化与供应链整合的适配性关系研究［J］．科学学与科学技术管理，2015，36（9）：93-104.

［31］刘林平．企业的社会资本：概念反思和测量途径——兼评边燕杰、丘海雄的《企业的社会资本及其功效》［J］．社会学研究，2006（2）：204-216.

［32］刘伟华，吴文飞，袁超伦，侯家和．城市智慧供应链发展指数构建及其应用［J］．工业技术经济，2021，40（1）：134-143.

［33］刘尧飞，沈杰．双循环格局下的供应链价值链绿色化转型研究［J］．青海社会科学，2020（6）：47-53.

［34］吕淑丽．企业家社会资本对技术创新绩效的影响［J］．情报杂志，2010，29（5）：107-112+187.

［35］马富萍．高层管理者社会资本对技术创新绩效的作用机制研究［D］．武汉大学，2011.

［36］任胜钢，胡春燕，王龙伟．我国区域创新网络结构特征对区域创新能力影响的实证研究［J］．系统工程，2011，29（2）：50-55.

［37］史金召，郭菊娥．互联网视角下的供应链金融模式发展与国内实践研究［J］．西安交通大学学报（社会科学版），2015，35（4）：10-16.

［38］宋方煜．企业社会资本对创新绩效的影响［D］．吉林大学，2012.

［39］孙博，刘善仕，姜军辉，葛淳棉，周怀康．企业融资约束与创新绩效：人力资本社会网络的视角［J］．中国管理科学，2019，27（4）：179-189.

［40］孙凯．在孵企业社会资本对技术创新绩效影响研究［D］．哈尔滨工业大学，2008.

［41］谈蓉，谈毅．企业社会资本对创新绩效的影响研究——基于中国电子通讯行业上市公司的证据［J］．技术经济，2009，28（1）：11-18+

36.

[42] 谭云清，马永生，李元旭．社会资本、动态能力对创新绩效的影响：基于我国国际接包企业的实证研究［J］．中国管理科学，2013，21（S2）：784-789.

[43] 唐颖，张慧琴，李璞，郭亚杰．社会资本、企业技术创新能力与企业绩效的实证分析［J］．统计与决策，2014（16）：102-104.

[44] 万骁乐，郝婷婷，戎晓霞，孟庆春．共创视角下考虑开放式创新的供应链价值创造研究［J］．中国管理科学，2017，25（7）：57-66.

[45] 王晗，黄明．供应链管理中供应商选择问题的研究［J］．大连铁道学院学报，2001（1）：41-44.

[46] 王雷．外部社会资本与集群企业创新绩效的关系：知识溢出与学习效应的影响［J］．管理学报，2013，10（3）：444-450.

[47] 王立生．社会资本、吸收能力对知识获取和创新绩效的影响研究［D］．浙江大学，2007.

[48] 王丽丽，陈国宏．供应链式产业集群技术创新博弈分析［J］．中国管理科学，2016，24（1）：151-158.

[49] 王丽娜．企业家社会资本向企业社会资本转化研究［J］．市场论坛，2006（3）：132-133.

[50] 王璐，黄敏学，肖橹，周南．社会资本、知识利用与共有协同创新绩效［J］．科研管理，2018，39（11）：79-87.

[51] 王霄，胡军．社会资本结构与中小企业创新—— 一项基于结构方程模型的实证研究［J］．管理世界，2005（7）：116-122+171.

[52] 王勇．企业社会资本、技术创新行为与企业绩效的实证研究［D］．广州：广东工业大学，2011.

[53] 韦影. 企业社会资本与技术创新：基于吸收能力的实证研究 [J]. 中国工业经济，2007（9）：119-127.

[54] 吴晓波，高忠仕，魏仕杰. 隐性知识显性化与技术创新绩效实证研究 [J]. 科学学研究，2007（6）：1233-1238.

[55] 吴晓璐. 社会资本、知识创造与企业技术创新绩效的关系模型研究 [J]. 价值工程，2011，30（1）：15-16.

[56] 谢洪明，赵丽，程聪. 网络密度、学习能力与技术创新的关系研究 [J]. 科学学与科学技术管理，2011，32（10）：57-63.

[57] 谢洪涛. 变革型领导对科研团队创新绩效的影响——基于团队社会资本的调节作用 [J]. 技术经济，2013，32（7）：24-28+41.

[58] 熊捷，孙道银. 企业社会资本、技术知识获取与产品创新绩效关系研究 [J]. 管理评论，2017，29（5）：23-39.

[59] 熊正德，姚柱，张艳艳. 人力资本、社会资本和心理资本对新生代知识型员工创新绩效影响研究——基于工作满意度的中介和工作特征的调节 [J]. 湖南大学学报（社会科学版），2018，32（6）：79-87.

[60] 徐和平，孙林岩，慕继丰. 产品创新网络中的信任与信任机制探讨 [J]. 管理工程学报，2004，18（2）：5.

[61] 许荻迪. 区块链技术在供应链金融中的应用研究 [J]. 西南金融，2019（2）：74-82.

[62] 杨昆. 社会资本、吸收能力对企业创新绩效的影响研究 [D]. 中南大学，2012.

[63] 杨鹏鹏，万迪昉，梁晓莉. 企业家社会资本及其与企业情报竞争力关系的实证研究——以陕西小型民营科技企业为例 [J]. 情报杂志，2005（7）：29-31.

［64］杨鹏鹏，万迪昉，王廷丽．企业家社会资本及其与企业绩效的关系——研究综述与理论分析框架［J］．当代经济科学，2005（4）：85-91+112.

［65］杨锐，李伟娜．网络结构、关系互动对创新活动的影响——苏州IT产业集群实证分析［J］．科学学研究，2010，28（7）：1094-1103.

［66］杨宇，郑垂勇．社会资本、人力资本与经济增长［J］．经济经纬，2008（5）：19-22.

［67］尹苗苗，蔡莉．创业网络强度、组织学习对动态能力的影响研究［J］．经济管理，2010，32（4）：180-186.

［68］游达明，刘芳．社会资本影响企业技术创新机理实证研究［J］．科技进步与对策，2009，26（22）：100-103.

［69］游家兴，刘淳．嵌入性视角下的企业家社会资本与权益资本成本——来自我国民营上市公司的经验证据［J］．中国工业经济，2011（6）：109-119.

［70］余明桂，潘红波．政治关系、制度环境与民营企业银行贷款［J］．管理世界，2008（8）：9-21+39+187.

［71］袁鑫，鄂小松，赵林度．制造业服务化背景下平台型供应链合作策略［J］．物流技术，2021，40（4）：99-103.

［72］战相岑，荣立达，张峰．经济政策不确定性与垂直整合——基于供应链视角的传导机制解释［J］．财经研究，2021，47（2）：49-63.

［73］张方华．企业社会资本与技术创新绩效：概念模型与实证分析［J］．研究与发展管理，2006（3）：47-53.

［74］张建军，赵启兰．面向新零售的全渠道供应链整合与优化——基于服务主导逻辑视角［J］．当代经济管理，2019，41（4）：23-29.

［75］张茉楠，李汉铃．基于认知资源观的企业家创造性决策研究［J］．中国软科学，2005（8）：113-120.

［76］张鹏．企业社会资本、组织学习和技术创新绩效研究［D］．济南：山东大学，2009.

［77］张镇鸿．R&D团队社会资本与创新绩效：团队心理安全与学习行为的作用研究［D］．上海：上海交通大学，2011.

［78］周小虎．企业家社会资本及其对企业绩效的作用［J］．安徽师范大学学报（人文社会科学版），2002（1）：1-6.

［79］朱丹萍．基于大数据的电子商务企业供应链成本控制分析［J］．中国集体经济，2021（13）：122-124.

［80］朱建民，史旭丹．产业集群社会资本对创新绩效的影响研究——基于产业集群生命周期视角［J］．科学学研究，2015，33（3）：449-459.

［81］朱思文，游达明．开放式创新背景下企业知识资本与创新绩效实证研究［J］．湘潭大学学报（哲学社会科学版），2013，37（4）：72-76.

［82］朱霞，路正南．企业社会资本对技术创新绩效的影响研究［J］．技术经济与管理研究，2014（11）：35-38.

［83］邹宜斌．社会资本：理论与实证研究文献综述［J］．经济评论，2005（6）：121-126.

［84］Agus Arawati. The significant effect of information sharing and strategic supplier partnership on supplier performance［J］. International Journal of Business and Management Science, 2011, 4（1）：75-92.

［85］Ahn Yeon S. Technology innovation activity and innovation performance in the software firms［J］. Journal of Information Technology Services, 2009, 8（2）：71-87.

［86］ A. Hde Boer et al. Characterization of inhalation aerosols: A critical e-valuation of cascade impactor analysis and laser diffraction technique ［J］. International Journal of Pharmaceutics, 2002, 249（1）: 219-231.

［87］ Beate André et al. Implementation of computerized technology in a palliative care unit ［J］. Palliative and Supportive Care, 2009, 7（1）: 57-63.

［88］ Benjamin R., Tukamuhabwa et al. Supply chain resilience: Definition, review and theoretical foundations for further study ［J］. International Journal of Production Research, 2015, 53（18）: 5592-5623.

［89］ Bikram K., Bahinipati, S. G. Deshmukh. Vertical collaboration in the semiconductor industry: A decision framework for supply chain relationships ［J］. Computers & Industrial Engineering, 2011, 62（2）: 504-526.

［90］ Brian Fynes, Chris Voss, Seán de Búrca. The impact of supply chain relationship quality on quality performance ［J］. International Journal of Production Economics, 2004, 96（3）: 339-354.

［91］ Ciro D' Apice, Rosanna Manzo. A fluid dynamic model for supply chains ［J］. NHM, 2006, 1（3）: 379-398.

［92］ Claudia Colicchia, Fernanda Strozzi. Supply chain risk management: A new methodology for a systematic literature review ［J］. Supply Chain Management: An International Journal, 2012, 17（4）: 403-418.

［93］ Cooke, G Willis. Small firms, Social capital and the enhancement of business performance through innovation programmes ［J］. Small Business Economics, 1999, 13（3）: 219-234.

［94］ Dhanaraj M, Jayavelu A. Factors influencing anti epileptic drug non-compliance ［J］. Annals of Indian Academy of Neurology, 2004, 7（2）.

［95］Emamian Yasser, Kamalabadi Isa Nakhai and Eydi Alireza. Developing and solving an integrated model for production routing in sustainable closed-loop supply chain ［J］. Journal of Cleaner Production, 2021, 302.

［96］Evan H. , Offstein, Gloria Harrell Cook, Ahmad Tootoonchi. Top management team discretion and impact drivers of a firm's competitiveness ［J］. Competitiveness Review: An International Business Journal, 2005, 15 (2) : 82-91.

［97］Fernanda Strozzi, Claudia Colicchia. Information processing and management using citation network and keyword analysis to perform a systematic literature review on Green Supply Chain Management ［J］. Journal of Scientometric Research, 2015, 4 (3) : 195-205.

［98］Gaos, Chen J. , Zhou Y. Relationship between team knowledge heterogeneity and corporate innovation performance ［J］. Journal of Coastal Research, 2019, 320-324.

［99］Geoffrey G. Bell, Akbar Zaheer. Geography, networks, and knowledge flow ［J］. Organization Science, 2007, 18 (6) .

［100］Gi-Du Kang and Jeffrey Jame and Kostas Alexandris. Measurement of internal service quality: Application of the SERVQUAL battery to internal service quality ［J］. Managing Service Quality, 2002, 12 (5) : 278-291.

［101］Giulio Cainelli, Susanna Mancinelli and Massimiliano Mazzanti. Social capital and innovation dynamics in district-based local systems ［J］. Journal of Socio-Economics, 2007, 36 (6) : 932-948.

［102］GM Kakiziba, P Das Gupta. Marketing communications how strategic advertising enhances good customer relations and assures brand loyalty the case of celtel tanzania ［J］. KCA Journal of Business Management, 2008, 1.

[103] Hagedoorn J, Cloodt M. Measuring Innovative Performance: Is There an Advantage in Using Multiple Indicators? [J] . Research Policy, 2003, 32 (8): 1365-1379.

[104] Hamel G, Prahalad C K. Corporate imagination and expeditionary marketing [J] . Harvard Business Review, 1991, 69 (4) : 81-92.

[105] Holger Ernst, Bernd Roß and Meinhard Knoll. Reliable glucose monitoring through the use of microsystem technology [J] . Analytical and Bioanalytical Chemistry, 2002, 373 (8) : 758-761.

[106] Hosseini Seyyed Mehdi, Paydar Mohammad Mahdi. Discount and advertisement in ecotourism supply chain [J] . Asia Pacific Journal of Tourism Research, 2021, 26 (6) : 668-684.

[107] Huaduo Zhang et al. Identification of quantitative trait loci underlying the protein, oil and starch contents of maize in multiple environments [J] . Euphytica, 2015, 205 (1) : 169-183.

[108] Ismail Gölgeci, Serhiy Y. Ponomarov. How does firm innovativeness enable supply chain resilience? The moderating role of supply uncertainty and interdependence [J] . Technology Analysis & Strategic Management, 2015, 27 (3) : 267-282.

[109] Jeffrey H. , Dyer, Wujin Chu. The role of trustworthiness in reducing transaction costs and improving performance: Empirical evidence from the United States, Japan, and Korea [J] . Organization Science, 2003, 14 (1) .

[110] Kikuo Fujita, Hirofumi Amaya, Ryota Akai. Mathematical model for simultaneous design of module commonalization and supply chain configuration toward global product family [J] . Journal of Intelligent Manufacturing, 2013, 24

(5): 991-1004.

[111] Klein, R. Rai A. Interfirm Strategic Information Flows in Logistics Supply Chain Relationships [J]. MIS Quarterly, 2009, 33 (4): 735-762.

[112] Kwok Jeremy Jie Ming and Lee Dong-Yup. Coopetitive supply chain relationship model: Application to the smartphone manufacturing network [J]. PloS one, 2015, 10 (7): e0132844.

[113] Masoud Kamalahmadi, Mahour Mellat Parast. A review of the literature on the principles of enterprise and supply chain resilience: Major findings and directions for future research [J]. International Journal of Production Economics, 2016, 171: 116-133.

[114] Melnyk S A, Closs D J, Griffis S E, et al. Understanding supply chain resilience [J]. Supply Chain Management Review, 2014, 18.

[115] Ming-Mu Hsieh et al. Analysis of nucleic acids and proteins in capillary electrophoresis and microchip capillary electrophoresis using polymers as additives of the background electrolytes [J]. Current Analytical Chemistry, 2005, 2 (1): 17-33.

[116] Murphy J T. Networks, Trust, and Innovation in Tanzania's Manufacturing Sector [J]. World Development, 2002.

[117] M. Pazoki, S. M. T. Fatemi Ghomi, F. Jolai. A multiproduct dynamic model to design a converge - diverge supply network with supplier partnership considerations [J]. Scientia Iranica, 2012, 19 (6): 1911-1920.

[118] Nikolaos G., Panagopoulos, Adam A. Rapp, Jessica L. Ogilvie. Salesperson solution involvement and sales performance: The contingent role of supplier firm and customerâ€ "supplier relationship characteristics" [J]. Jour-

nal of Marketing, 2017, 81 (4): 144-164.

[119] Pettit T J, Croxton K L, Fiksel J. Ensuring supply chain resilience: Development and implementation of an assessment tool [J]. Journal of Business Logistics, 2013, 34 (1): 46-76.

[120] Pfeffer J, Salancik G R. The external control of organizations: A resource dependence perspective [M]. Harper & Row, 1978.

[121] Philip Cooke, David Wills. Small firms, social capital and the enhancement of business performance through innovation programmes [J]. Small Business Economics, 1999, 13 (3): 219-234.

[122] Qin Su et al. The impact of supply chain relationship quality on cooperative strategy [J]. Journal of Purchasing and Supply Management, 2008, 14 (4): 263-272.

[123] Richard Klein. Customization and real time information access in integrated eBusiness supply chain relationships [J]. Journal of Operations Management, 2007, 25 (6): 1366-1381.

[124] Ronald S. Burt. The network structure of social capital [J]. Research in Organizational Behavior, 2000, 22: 345-423.

[125] Réjean Landry, Nabil Amara, Moktar Lamari. Does social capital determine innovation? To what extent? [J]. Technological Forecasting & Social Change, 2002, 69 (7): 681-701.

[126] Salih Yeşil, Alaeddin Koska, Tuba Büyükbeşe. Knowledge sharing process, innovation capability and innovation performance: An empirical study [J]. Procedia - Social and Behavioral Sciences, 2013, 75: 217-225.

[127] Sarah L. Jack. The Role, Use and activation of strong and weak net-

work ties: A qualitative analysis [J] . Journal of Management Studies, 2005, 42 (6) : 1233-1259.

[128] Sebastiaan van Doorn, Mariano L. M. Heyden, Henk W. Volberda. Enhancing entrepreneurial orientation in dynamic environments: The interplay between top management team advice-seeking and absorptive capacity [J] . Long Range Planning, 2017, 50 (2): 134-144.

[129] Serhiy Y. Ponomarov and Mary C. Holcomb. Understanding the concept of supply chain resilience [J] . The International Journal of Logistics Management, 2009, 20 (1) : 124-143.

[130] Shaker A. Zahra. Harvesting family firms' organizational social capital: A relational perspective [J] . Journal of Management Studies, 2010, 47 (2) : 345-366.

[131] Shin Sunah, Lee Moonsu. The effect of innovation activities on innovation performance according to the size of SMEs in the Field of electronics and communication industry [J] . Journal of the Society of Korea Industrial and Systems Engineering, 2014, 37 (1) : 79-90.

[132] Simon Véronneau, Jacques Roy and Martin Beaulieu. Cruise ship suppliers: A field study of the supplier relationship characteristics in a service supply chain [J] . Tourism Management Perspectives, 2015 (16): 76-84.

[133] Stephen P. , Borgatti, Daniel S. Halgin. On network theory [J] . Organization Science, 2011, 22 (5): 1168-1181.

[134] Steven A. , Melnyk, Ram Narasimhan and Hugo A. DeCampos. Supply chain design: Issues, challenges, frameworks and solutions [J] . International Journal of Production Research, 2014, 52 (7) : 1887-1896.

[135] S. Vahid Nooraie, Mahour Mellat Parast. Mitigating supply chain disruptions through the assessment of trade-offs among risks, costs and investments in capabilities [J]. International Journal of Production Economics, 2016, 171: 8-21.

[136] Thomas Philip et al. Intentional innovation communities: Strengthening innovation performance in the northern inland region of NSW [J]. Extension Farming Systems Journal, 2011, 7 (2): 126-128.

[137] Vikas Kumar et al. An empirical analysis of supply and manufacturing risk and business performance: A Chinese manufacturing supply chain perspective [J]. Supply ChainManagement: An International Journal, 2018, 23 (6): 461-479.

[138] Wenpin Tsai, Sumantra Ghoshal. Social capital and value creation: The role of intrafirm networks [J]. The Academy of Management Journal, 1998, 41 (4): 464-476.

附　录

从图 1 可以得出，2015～2019 年，我国各大省份电气机械及器材制造业研发人员数量呈现逐年上升趋势，广东省从事该行业的研发人员数量远远超过其他省份。

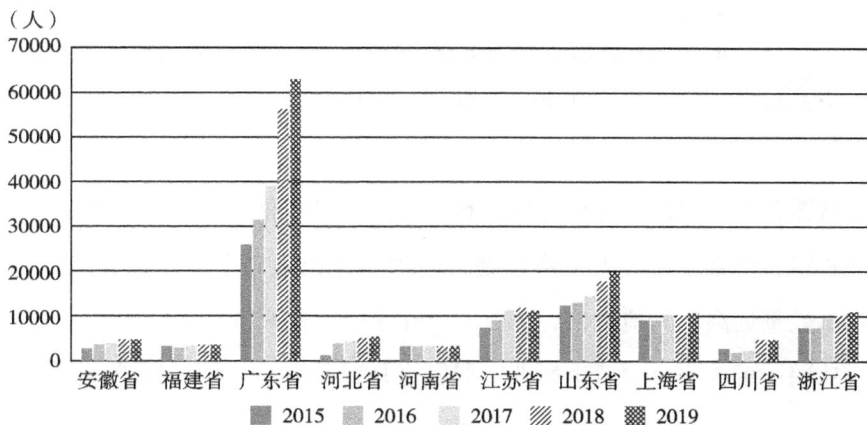

图 1　2015～2019 年电气机械及器材制造业研发人员数量分布

资料来源：根据国泰安数据库和 CNRDS 数据库整理所得。

从图 2 可以得出，不同省份的不同行业研发投入占比存在巨大差异，如湖北省的专用设备制造业，北京市的医药制造业与专用设备制造业，福建省的医药制造业与通用设备制造业，天津市的专用设备制造业，浙江省的非金属矿物制品业等行业研发投入占比都高于其他行业。

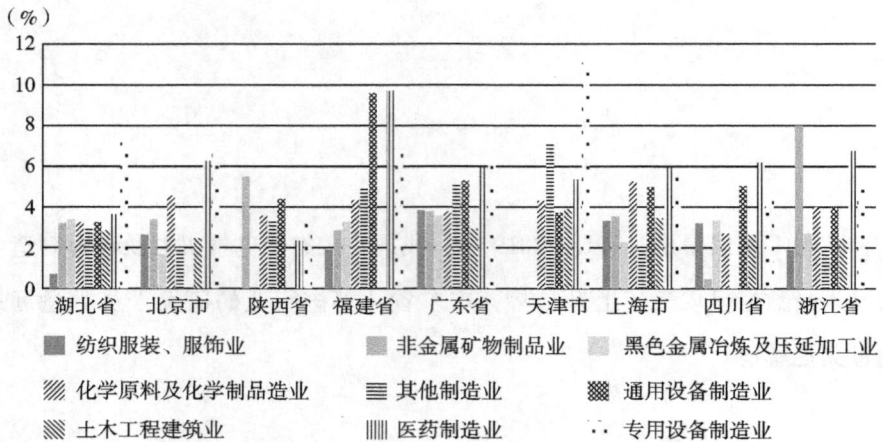

图 2　2015～2019 年不同省市不同行业研发投入占比分布

资料来源：根据国泰安数据库和 CNRDS 数据库整理所得。

从图 3 可以得出，北京市软件和信息技术服务业研发人员数量远远高于其他省市，并且其研发人员数量远远超过其他行业，上海市汽车制造业研发人员数量远高于其他省市，部分省市在某些行业并没有研发人员。

从图 4 可以得出，卫生行业，黑色金属矿采选业，燃气生产和供应业，石油加工、炼焦及核燃料加工业等相比于其他行业供应商集中度较高。近几年来卫生行业供应商集中度呈现逐年下降趋势，燃气生产和供应业、商务服务业、有色金属冶炼及压延加工业呈现逐年上升趋势。

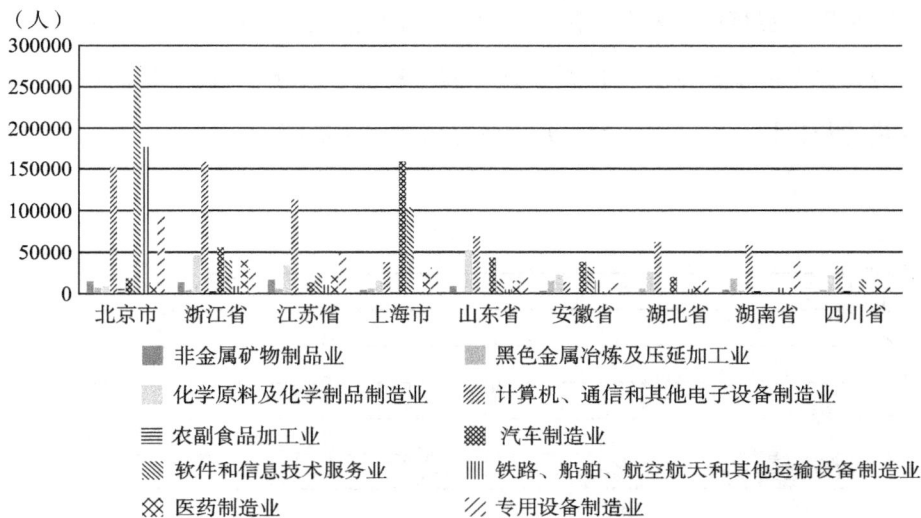

图3　2015～2019年不同省份不同行业研发人员数量分布

资料来源：根据国泰安数据库和CNRDS数据库整理所得。

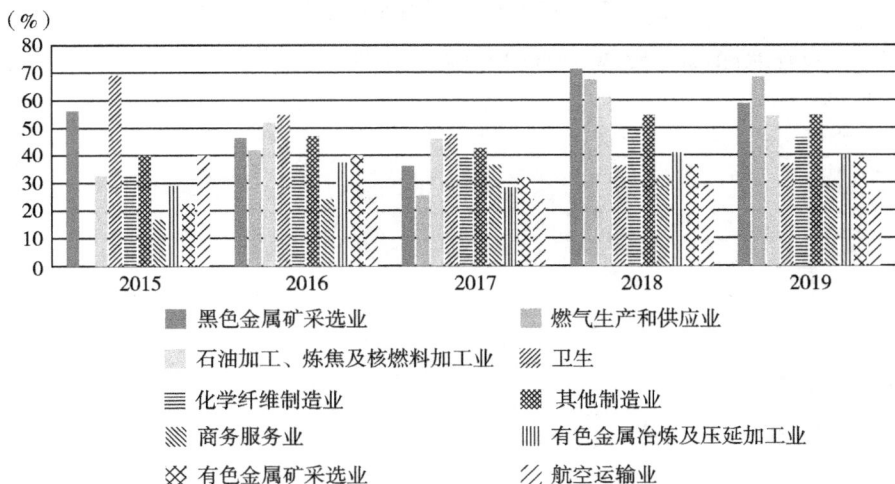

图4　2015～2019年不同行业供应商集中度分布

资料来源：根据国泰安数据库和CNRDS数据库整理所得。

从图 5 观察可以得出，我国各大行业专利授权数量基本都呈现逐年增加趋势，汽车制造业专利授权数量领先其他行业，土木工程建筑业专利授权数量增长较快，石油和天然气开采业专利授权数量增长较慢。

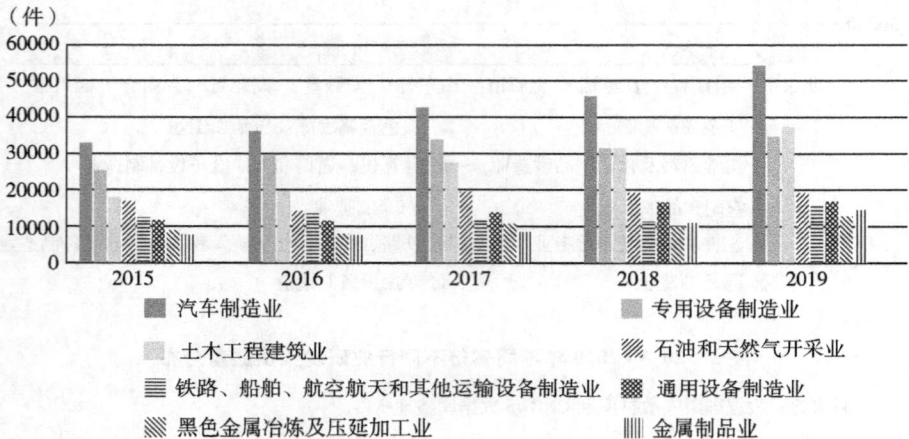

图 5　2015~2019 年不同行业专利授权分布

资料来源：根据国泰安数据库和 CNRDS 数据库整理所得。